BUKOWSKI ESSENCIAL
POESIA

Livros de Bukowski publicados pela **L&PM** EDITORES:

Ao sul de lugar nenhum: histórias da vida subterrânea
O amor é um cão dos diabos
Bukowski: 3 em 1 (Mulheres; O capitão saiu para o almoço e os marinheiros tomaram conta do navio; Cartas na rua)
Bukowski essencial: poesia
O capitão saiu para o almoço e os marinheiros tomaram conta do navio (c/ ilustrações de Robert Crumb)
Cartas na rua
Crônica de um amor louco
Delírios cotidianos (c/ ilustrações de Matthias Schultheiss)
Escrever para não enlouquecer
Fabulário geral do delírio cotidiano
Factótum
Hollywood
Miscelânea septuagenária: contos e poemas
Misto-quente
A mulher mais linda da cidade e outras histórias
Mulheres
Notas de um velho safado
Numa fria
Pedaços de um caderno manchado de vinho
As pessoas parecem flores finalmente
Pulp
Queimando na água, afogando-se na chama
Sobre bêbados e bebidas
Sobre gatos
Sobre o amor
Tempestade para os vivos e para os mortos
Textos autobiográficos (Editado por John Martin)
Você fica tão sozinho às vezes que até faz sentido

CHARLES BUKOWSKI

BUKOWSKI ESSENCIAL
POESIA

Seleção e edição de ABEL DEBRITTO

Tradução de RODRIGO BREUNIG E PEDRO GONZAGA

L&PM

Texto de acordo com a nova ortografia.
Título original: *Essential Bukowski: Poetry*

Tradução: Rodrigo Breunig e Pedro Gonzaga
Seleção e edição: Abel Debritto
Capa e ilustração: Ivan Pinheiro Machado
Preparação: Patrícia Yurgel
Revisão: Marianne Scholze

CIP-Brasil. Catalogação na publicação
Sindicato Nacional dos Editores de Livros, RJ

B949b

Bukowski, Charles, 1920-1994
    Bukowski essencial: poesia / Charles Bukowski; tradução Rodrigo Breunig, Pedro Gonzaga; seleção e edição de Abel Debritto. – 1. ed. – Porto Alegre [RS]: L&PM, 2022.
    232 p. ; 21 cm.

    Tradução de: *Essential Bukowski: Poetry*
    ISBN 978-65-5666-251-0

    1. Poesia americana. I. Breunig, Rodrigo. II. Gonzaga. Pedro. II. Debritto, Abel. III. Título.

22-76773
CDD: 811
CDU: 82-1(73)

Meri Gleice Rodrigues de Souza - Bibliotecária - CRB-7/6439

Copyright © 2016 by Linda Lee Bukowski

Todos os direitos desta edição reservados a L&PM EDITORES
Rua Comendador Coruja, 314, loja 9 – Floresta – 90.220-180
Porto Alegre – RS – Brasil / Fone: 51.3225.5777
PEDIDOS & DEPTO. COMERCIAL: vendas@lpm.com.br
FALE CONOSCO: info@lpm.com.br
www.lpm.com.br

Impresso no Brasil
Outono de 2022

Sumário

Apresentação 9
conselho de amigo para vários jovens, e para vários velhos também 13
feito um pardal 14
parada 15
a vida de borodin 16
quando Hugo Wolf enlouqueceu 18
destruindo a beleza 19
o dia em que joguei pela janela uma grana preta 20
os gêmeos 23
para a puta que levou meus poemas 25
o perdedor 26
a melhor maneira de ficar famoso é fugir 27
a tragédia das folhas 29
velho morto num quarto 31
o padre e o matador 33
o estado das coisas do mundo vistas a partir da janela de um 3º andar 34
o cisne 36
feijão com alho 37
um poema é uma cidade 38
consumação da dor 40
para Jane: com todo o amor que eu tinha, que não foi suficiente 41
para Jane 43
John Dillinger e *le chasseur maudit* 44
crucifixo em uma mão morta 47

alguma coisa para os especuladores, para as freiras, para os atendentes do mercado e para você ... 50
nº 6 ... 55
e a lua e as estrelas e o mundo: ... 56
história verdadeira ... 57
o gênio da multidão ... 59
conheci um gênio ... 62
suástica abotoada na minha bunda ... 63
os melros estão bravos hoje ... 64
levando em conta – ... 67
outra academia ... 69
a leitura de poesia ... 71
os últimos dias do garoto suicida ... 73
o banho ... 75
o tordo-dos-remédios ... 78
estilo ... 79
garota de minissaia lendo a Bíblia na minha janela ... 80
o cadarço ... 82
esses filhos da puta ... 85
quente ... 87
problema com espanha ... 90
um rádio com fibra ... 92
poema de amor para Marina ... 94
algumas pessoas nunca enlouquecem ... 96
o pescador ... 97
os homens do lixo ... 98
rosto de um candidato político num outdoor ... 100
a orgulhosa e magra morte ... 101
um poema quase feito ... 103
um poema de amor para todas as mulheres que eu conheci ... 105
arte ... 108
o que eles querem ... 109
um poema para o engraxate ... 111
o humilde herdou ... 114

quem, diabos, é Tom Jones? 115
e um cavalo de olhos azul-esverdeados caminha no sol 117
quitação 119
o fim de um breve caso 122
cometi um erro 125
$$$$$$ 127
metamorfose 131
precisamos nos comunicar 133
o segredo da minha resistência 136
Carson McCullers 138
faíscas 139
a história de um filho da mãe durão 143
sem dúvida 146
aposentadoria 147
sorte 150
se você quer justiça, pegue a faca 152
encurralado 155
como está o seu coração? 157
o incêndio do sonho 159
o inferno é um lugar solitário 168
o mais forte dos estranhos 171
contagem de 8 175
não temos grana, querida, mas temos chuva 176
albergue 187
o soldado, sua esposa e o vagabundo 191
sem líderes 193
dinosauria, nós 194
nirvana 197
o tordo azul 201
o segredo 203
carta de fã 204
recostar-se 206
você quer entrar na arena? 208
o livro da condição 211

uma nova guerra 212
o coração risonho 214
lance os dados 215
e agora? 217
o estouro 218

Fontes e traduções 221

Agradecimentos 229

Apresentação

Com mais de vinte volumes de poesia de Charles Bukowski disponíveis em livro e dezenas de excelentes poemas inéditos arquivados, estava mais do que na hora de termos uma coleção *essencial*. A tarefa em mãos era titânica: autor prolífico sob qualquer critério de medida, com cerca de cinco mil poemas conhecidos escritos ao longo de cinquenta anos, notoriamente Bukowski escrevia quase todas as noites num torpor alcoólico, jogando fora, na manhã seguinte, a maior parte dos desatinos. Escolher os melhores poemas de Bukowski nessa pilha imensa era intimidante, para dizer o mínimo.

Poemas populares como "o tordo azul", "o gênio da multidão", "lance os dados", "o estouro" e outros eram fortes concorrentes mesmo antes que eu preparasse uma lista provisória. Enquanto eu me debruçava sobre obras publicadas e não publicadas, certas joias relativamente obscuras, tais como "quando Hugo Wolf enlouqueceu", "faíscas", "o perdedor" e "outra academia" voltaram à vida para mim. Também incluí poemas que foram fundamentais na carreira de Bukowski, como "suástica abotoada na minha bunda", que levou o alemão Carl Weissner, amigo, agente e tradutor de longa data, a virar um fervoroso entusiasta de Bukowski depois de lê-lo numa revista independente na Inglaterra em 1966. Havia 170 poemas na minha seleção final para o livro, que então teve de ser reduzida para somente 95 – "democracia", "eles, todos eles, sabem", "a palavra" e outros poemas de primeira linha tiveram de ser descartados.

Esses 95 poemas essenciais mal representam dois por cento da colossal produção de Bukowski, mas é difícil não perceber sua evolução poética nesta coleção cronológica. Os poemas do início, com seu lirismo e ocasionais imagens surreais, dão lugar na década de 1970 ao personagem macho do Bukowski "Velho Safado", quando ele afinal alcança o sucesso na casa dos cinquenta anos de idade, para depois assumir, em seus anos finais, uma postura mais filosófica em relação à vida. No caminho todo, o que aparece de forma invariável é o brilho do autor em capturar as coisas como elas são, os claríssimos instantâneos de suas experiências imediatas e também do mundo em geral, quase nunca alterados num segundo momento. É justamente essa autenticidade, junto com a qualidade atemporal dos poemas mais esmerados de Bukowski, que nos faz receber sua poesia de braços abertos: as trivialidades cotidianas, mas cruciais, encontradas em "o cadarço"; a sensualidade de "o banho"; as forças da vida em ação em "o tordo-dos-remédios"; a ternura de "poema de amor para Marina" e de "a história de um filho da mãe durão"; a natureza esquiva da arte em muitos dos poemas; o humor autodepreciativo em "precisamos nos comunicar"; a imperfeição que nos torna quase perfeitos em "um poema para o engraxate"; e os retratos francos dos artistas que Bukowski admira.

Há também a impressionante e desarmadora simplicidade de "arte" e "nirvana"; os versos parcos, ao modo Hemingway, de "Carson McCullers" e "o inferno é um lugar solitário"; os hinos ao individualismo e à força de vontade de "sem líderes" e "o gênio da multidão"; o espírito jamais-aceitar-sem-questionar de "conheci um gênio"; os longos poemas narrativos que lemos como contos envolventes; e o impulso de afirmação da vida de "o coração risonho" e "o estouro". Estes dois últimos poemas mostram que, apesar da escuridão que muitas vezes entrava em sua vida e poesia, Bukowski sempre via a luz no fim do túnel, e não conseguimos deixar de nos identificar com esse sentimento.

Esses poemas são Bukowski em seu jeito mais cativante: nu e cru, espirituoso e apaixonado, mostrando-nos todo "o caminho" enquanto ele ouve música clássica num "rádio com fibra" e bebe "o sangue dos deuses" em seus pequenos apartamentos e salas em

Los Angeles. Buda de San Pedro, Bukowski no fim das contas sorri por saber que o segredo de tudo está muito além dele, e essa é a beleza da coisa: Bukowski destila a própria essência da vida, espremendo a magia do comum com sua inconfundível e insuperável simplicidade.

Essencial, de fato.

Abel Debritto

conselho de amigo para vários jovens, e para vários velhos também

Vá pro Tibete.
Ande de camelo.
Leia a Bíblia.
Pinte de azul seus sapatos.
Deixe a barba crescer.
Dê a volta ao mundo numa canoa de papel.
Assine o *Saturday Evening Post*.
Mastigue apenas no lado esquerdo da boca.
Case com uma mulher de uma só perna e depile com navalha.
E grave seu nome no ânus dela.

Escove os dentes com gasolina.
Durma o dia todo e suba em árvores à noite.
Seja um monge e beba buckshot e cerveja.
Mantenha sua cabeça embaixo d'água e toque violino.
Faça uma dança do ventre perante velas cor-de-rosa.
Mate o seu cachorro.
Concorra a prefeito.
More num barril.
Quebre sua cabeça com um machadinho.
Plante tulipas na chuva.

Mas não escreva mais poesia.

feito um pardal

Pra dar vida você deve tirar vida,
e com nossa dor caindo estatelada
no mar de um bilhão de sangues
eu passo por sérios cardumes rebentadores de tripas orlados
por podres criaturas de brancas pernas e panças
longamente mortas e rebeladas contra cenas circundantes.

Querida criança, eu só fiz com você o que o pardal
fez com você; sou velho quando está na moda ser
jovem; choro quando está na moda rir.
Odiei você quando seria menos corajoso
amar.

parada

Fazer amor no sol, no sol da manhã
num quarto de hotel
acima do beco
onde os pobres recolhem garrafas;
fazer amor no sol
fazer amor sobre um carpete mais rubro que nosso sangue,
fazer amor enquanto meninos vendem manchetes
e Cadillacs,
fazer amor junto à foto de Paris
e ao maço aberto de Chesterfields,
fazer amor enquanto outros homens – pobres
coitados –
trabalham.

Daquele momento – a este...
talvez sejam anos na medida comum,
mas é só uma frase na minha memória –
são tantos os dias
em que a vida para e desliga e senta
e espera como um trem nos trilhos.
eu passo pelo hotel às 8
e às 5; há gatos nos becos
e garrafas e vagabundos,
e eu olho a janela e penso,
não sei mais onde você está,
e sigo andando e me pergunto pra onde
a vida vai
quando ela para.

a vida de borodin

na próxima vez em que você ouvir Borodin
lembre-se de que ele era apenas um químico
que escrevia música para relaxar;
sua casa vivia cheia de pessoas:
estudantes, artistas, bêbados, vadios,
e ele nunca soube como dizer: não.
na próxima vez em que você ouvir Borodin
lembre-se de que sua esposa usou suas composições
para forrar a caixa de areia do gato
ou para embrulhar as garrafas de leite azedo;
ela sofria de asma e insônia
e o alimentava com ovos moles
e quando ele queria cobrir a cabeça
para se afastar dos sons da casa
ela permitia que ele usasse apenas o lençol;
além disso, geralmente havia alguém
na cama dele
(os dois dormiam em camas separadas quando
dormiam)
e como todas as cadeiras
normalmente estavam ocupadas
costumava dormir nos degraus
envolto em um velho xale;
ela lhe dizia quando cortar as unhas,
para não cantar ou assobiar
nem colocar muito limão no chá
nem espremê-lo com uma colher;

Sinfonia nº 2 em Si Menor
Príncipe Igor
Nas estepes da Ásia Central
ele só conseguia dormir colocando um pedaço
de pano negro sobre os olhos;
em 1887 ele compareceu a um baile
na Academia de Medicina
vestido com um festivo traje nacional;
parecia, ao fim, excepcionalmente animado
e quando ele se foi ao chão,
pensaram que ele estava fazendo alguma palhaçada.

na próxima vez em que você ouvir Borodin,
lembre-se disso...

quando Hugo Wolf enlouqueceu

Hugo Wolf enlouqueceu enquanto comia uma cebola
e compunha sua 253ª canção; era um chuvoso
abril e as minhocas saíam da terra
cantarolando Tannhäuser, e ele derramou seu leite
com sua tinta, e seu sangue respingou nas paredes
e ele uivou e rugiu e gritou, e
no andar
de baixo sua senhoria disse, eu *sabia*, esse lixo filho
de uma
égua birutou seu cérebro, bronhou
sua última peça
musical e agora eu nunca vou ganhar o aluguel, e um
dia ele será famoso
e vão enterrá-lo na chuva, mas neste momento
eu queria que ele parasse
com a maldita gritaria – na minha opinião ele é
um veado imbecil bobalhão
e quando tirarem ele daqui, espero que
tragam um bom pescador confiável
ou um carrasco
ou um vendedor de
tratados bíblicos.

destruindo a beleza

uma rosa
luz rubra do sol;
eu a desmonto
na garagem
como um quebra-cabeça:
as pétalas gordurosas
feito bacon velho
caem
como as donzelas do mundo
costas no chão
e ergo meu olhar
para o velho calendário
pendurado num prego
e toco
meu rosto rugoso
e sorrio
porque
o segredo
é inalcançável.

o dia em que joguei pela janela uma grana preta

e, eu disse, você pode pegar seus ricos tios e tias
e avós e pais
e todo aquele petróleo escroto deles
e seus sete lagos
e seus selvagens perus
e búfalos
e o estado inteiro do Texas,
quer dizer, seus fuzilamentos de corvos
e seus calçadões de sábado à noite,
e sua biblioteca de
meia-tigela
e seus vereadores corruptos
e seus artistas veadinhos –
você pode pegar tudo isso
e o seu jornal semanal
e os seus famosos tornados
e as suas enchentes imundas
e todos os seus gatos uivantes
e a sua assinatura da *Life*,
e enfiar lá, bebê,
enfiar lá.

posso empunhar de novo a picareta e o machado (acho)
e posso descolar
25 pratas por uma luta de 4 assaltos (talvez);
claro, estou com 38
mas um pouco de tintura pode tirar o grisalho
do meu cabelo;

e ainda consigo escrever poemas (às vezes),
não se esqueça *disso*, e mesmo que
não rendam nada,
é melhor do que esperar por mortes e petróleo,
e dar tiros em perus selvagens,
e esperar que o mundo
comece.

tá bom, vagabundo, ela disse,
cai fora.

o quê?, eu disse.

cai fora. você teve o seu último
acesso de fúria.
cansei dos seus malditos acessos de fúria:
você está sempre agindo como um
personagem numa peça de O'Neill.

mas eu sou diferente, bebê,
não consigo
evitar.

você é diferente, tá bom!
meu Deus, quanta diferença!
não bata
a porta
quando sair.

mas, bebê, eu *amo* seu
dinheiro!

você nunca disse
que me amava!

o que você quer
um mentiroso ou um
amante?

você não é nenhum dos dois! fora, vagabundo,
fora!

... mas bebê!

volta pro O'Neill!

fui até a porta,
fechei-a sem barulho e fui embora,
pensando: tudo que elas querem
é um índio de madeira
que diga sim e não
e fique parado acima do fogo e
não infernize demais;
mas você já está ficando
velho, garoto;
da próxima vez não abra
tanto
o jogo.

os gêmeos

às vezes ele insinuava que eu era um canalha e eu lhe dizia
para ouvir Brahms, para aprender a pintar e a beber e a não
ser dominado por mulheres ou dólares
mas ele gritava, pelo amor de Deus pense na sua mãe,
pense no seu país,
você vai nos matar!...

vago pela casa de meu pai (na qual ele devia $8 mil depois de
20 anos no mesmo emprego) e olho para seus sapatos mortos
o modo como seus pés curvaram o couro, como se plantasse
rosas em fúria, e era o que ele fazia, e olho para seu cigarro
morto, seu último cigarro e a última cama em que dormiu
naquela noite, e sinto que deveria refazê-la mas não posso,
porque um pai é sempre o mestre mesmo quando já se foi;
suponho que essas coisas tenham acontecido vez após vez
mas não posso deixar de pensar
    morrer no chão da cozinha às 7 da manhã
    enquanto outras pessoas fritam ovos
    não é tão brutal
    a menos que aconteça com você.

vou para o lado de fora e apanho uma laranja e retiro a casca
brilhante; as coisas seguem vivas; a grama cresce muito bem,
o sol despeja seus raios circundado por um satélite russo,
um cão late sem razão em alguma parte, vizinhos espiam
pelas persianas. sou um estranho aqui, e devo ter sido
(suponho) de algum jeito um filho da puta, e não tenho
dúvida de que ele me pintou direitinho (o garotão e eu
brigávamos como leões da montanha) e eles dizem que ele

deixou tudo para uma mulher em Duarte mas estou cagando
– que ela fique com tudo: ele era o meu velho
e está morto.

lá dentro, experimento um terno azul-claro
muito melhor do que qualquer coisa que eu já tenha vestido
e balanço os braços como um espantalho ao vento
mas de nada adianta:
não posso mantê-lo vivo
não importa o quanto odiássemos um ao outro.

temos exatamente o mesmo aspecto, poderíamos ter sido
gêmeos
o velho e eu: é isso o que eles
dizem. ele tinha seus bulbos na tela
prontos para serem plantados
enquanto eu me deitava com uma puta da rua 3.

muito bem. deixem-nos ter este momento: parado diante
de um espelho
vestindo o terno de meu pai morto
esperando também
para morrer.

para a puta que levou meus poemas

alguns dizem que deveríamos evitar remorsos particulares no
poema,
manter-nos abstratos, e há certa razão nisso,
mas jezus;
lá se vão 12 poemas e eu não tenho cópias deles em carbono
e você está com
minhas
pinturas também, as melhores; é sufocante;
quer me destruir como fez com todos os outros?
por que não leva meu dinheiro? é o que normalmente fazem
com
os bêbados desacordados na esquina de quem batem os bol-
sos das calças.

da próxima vez leve meu braço esquerdo ou cinquenta contos
mas não meus poemas:
eu não sou Shakespeare
mas vai chegar um tempo em que simplesmente
não haverá mais nenhum, abstrato ou como quer que seja;
sempre haverá dinheiro e putas e bêbados
até a última bomba cair,
mas como Deus disse,
cruzando as pernas,
sei muito bem onde coloquei um bocado de poetas
mas não muita
poesia.

o perdedor

e quando dei por mim estou numa mesa,
todos se foram: cabeça da bravura
sob luz, carrancudo, me derrubando...
e aí vi um asqueroso fumando um charuto:
"Garoto, você não é lutador", ele me disse,
e eu levantei, derrubei o cara sobre uma cadeira;
foi como uma cena de filme, e
ali caído de bunda ele ficou
repetindo: "Jesus, Jesus, quêquefoique te
deu?" e eu levantei, me vesti,
mãos ainda enfaixadas, e chegando em casa
arranquei as faixas das mãos e
escrevi meu primeiro poema,
e venho lutando
desde então.

a melhor maneira de
ficar famoso é fugir

achei uma laje de cimento solta na frente da sorveteria,
joguei de lado e comecei a cavar; a terra era
fofa e cheia de minhocas e logo afundei até a
cintura, tamanho 46;
uma multidão veio ver, mas recuou sob meus arremessos
de lama,
e quando a polícia chegou minha cabeça já tinha
sumido,
assustando roedores e vermes e achando pedaços de crânio
incrustados de ouro,
e me perguntaram, você está procurando petróleo, tesouro,
ouro, a ponta da China?, está procurando amor, Deus,
um chaveiro perdido?, e garotinhas pingando sorvete
espiaram minha escuridão, e um psiquiatra chegou
e um
professor universitário e uma atriz de cinema de biquíni, e
um espião russo e um espião francês e um espião inglês,
e um crítico de teatro e um cobrador e uma velha
namorada, e todos me perguntaram, o que é que você
está
procurando? e logo começou a chover... submarinos
atômicos
mudaram de rota, Tuesday Weld se escondeu atrás de um
jornal,
Jean-Paul Sartre rolou dormindo, e o meu buraco
se encheu
de água; saí preto feito a África, estrelas
cadentes

e epitáfios, meus bolsos cheios de adoráveis minhocas,
e me levaram à prisão e me deram banho
e uma cela legal, livre de aluguel, e mesmo agora as pessoas
fazem piquetes por mim, e assinei
contratos pra aparecer no palco e na tevê,
pra escrever coluna no jornal local e
escrever um livro e anunciar uns produtos, tenho
dinheiro pra morar por vários anos nos melhores
hotéis, mas assim que sair daqui vou
achar outra laje solta e cavar, cavar,
cavar, e dessa vez não vou voltar... faça chuva, sol
ou biquíni, e os repórteres perguntando, por que fazer
isso? mas só acendo meu cigarro e sorrio...

a tragédia das folhas

despertei para a aridez e as samambaias estavam mortas,
as plantas nos vasos, amarelas como milho;
minha mulher partira
e as garrafas vazias como cadáveres exangues
cercavam-me com sua inutilidade;
o sol seguia bem, no entanto,
e o bilhete da minha senhoria se quebrava num belo e
resignado tom de amarelo; o que se precisava agora
era de um bom comediante, ao velho estilo, um bobo da corte
com piadas sobre a dor absurda; a dor é absurda
porque ela existe, quando nada mais;
cuidadosamente faço a barba com uma velha navalha
o homem que uma vez tinha sido jovem e
dizia ter gênio; mas
essa é a tragédia das folhas,
as samambaias mortas, as plantas mortas;
e eu caminho por um corredor negro
onde a senhoria se mantém
execrável e decisiva,
mandando-me para o inferno,
balançando seus braços gordos e sudorentos
e gritando
gritando pelo aluguel
porque o mundo falhou conosco
duplamente.

Charles Bukowski
OLD MAN, DEAD
IN A ROOM

this thing upon me is not death
but it's as real,
AND as LANDLORDS full of MAGGOTS
FOR rent
I eat walnuts in the death
of my privacy
and LISTEN FOR more important
drummers;
IT'S AS REAL, IT'S AS REAL
as the broken-boned SPARROW
cat-mouthed to utter
more than mere
and miserable argument;
between my toes I STARE
at clouds, at seas of gaunt
sepulcher...
and scratch my BACK
and form a vowel
as all my LOVELY WOMEN
(WIVES AND LOVERS)
BREAK LIKE ENGINES
into some steam of sorrow
to be blown into ECLIPSE;
BONE IS BONE
but this thing UPON ME
LIKE A FLOWER AND A FEAST,
BELEIVE me
is not death and is not
glory,
and LIKE QUIXOTE'S WINDMILLS
makes a foe
turned by the HEAVENS
against one MAN;
...THIS THING upon ME,
great GOD,
THIS THING UPON ME
CRAWLING LIKE A SNAKE,
terrifying my love of
COMMONNESS,
some call ART
some call POETRY;
it's not DEATH
but DYING
WILL solve its power
and as my grey hands
drop a LAST
DESPERATE PEN
in some cheap ROOM
they will find me there
AND NEVER KNOW
my name
my MEANING
nor the treasure
of my ESCAPE.

velho morto num quarto

essa coisa em cima de mim não é a morte
mas é real como ela,
e enquanto senhorios cheios de vermes
batem pedindo aluguel
eu como nozes no refúgio
da minha privacidade
e ouço bateristas mais
importantes;
é real como ela, é real como ela
feito um pardal de ossos quebrados
em boca de gato e proferindo
mais que mero
e miserável argumento;
entre os dedos dos pés contemplo
as nuvens, os mares de magro
sepulcro...
e coço as costas
e formo uma vogal
enquanto minhas belas mulheres todas
(esposas e amantes)
pifam como motores
em certo vapor pesaroso
soprado ao eclipse;
osso é osso
mas essa coisa em cima de mim
enquanto rasgo as cortinas
e piso tapetes enjaulados,
essa coisa em cima de mim
feito flor e festim,

acredite
não é a morte, não é a
glória
e como os moinhos de vento de Quixote
cria um inimigo
voltado pelos céus
contra um homem;
... essa coisa em cima de mim,
grande deus,
essa coisa em cima de mim
rastejando como cobra,
apavorando meu amor à vulgaridade,
uns chamam de Arte
uns chamam de poesia;
não é a morte
mas morrer dissolverá seu poder
e quando minhas mãos grisalhas
largarem a última caneta desesperada
num quarto barato
vão achar meu corpo
e jamais farão ideia
do meu nome
do meu significado
ou do tesouro
da minha fuga.

o padre e o matador

no lento ar mexicano assisto o touro morrer
e eles lhe cortam a orelha, e sua enorme cabeça não guarda
mais terror do que uma pedra.

dirigindo de volta no dia seguinte paramos na Missão
e assistimos às flores vermelhas e douradas e azuis se estendendo
como tigres na ventania.

coloque isto na métrica: o touro e o forte de Cristo:
o matador de joelhos, o touro morto seu menino;
e o padre a olhar pela janela
como um urso enjaulado.

você pode discutir no mercado e manipular as suas
dúvidas com cordas de seda: vou lhe dizer apenas
isto: eu vivi em ambos os templos,
acreditando em tudo e em nada – talvez, agora, eles venham
a morrer no meu.

o estado das coisas do mundo vistas a partir da janela de um 3º andar

olho para uma garota vestindo um
suéter verde-claro, shorts azuis, longas meias negras;
usa algum tipo de colar
mas seus seios são pequenos, pobrezinha,
e ela confere as unhas
enquanto seu cachorro branco e encardido fareja a grama
em erráticos círculos;
um pombo também está por ali, circulando,
semimorto com seu cérebro de ervilha
e eu estou andares acima em minha roupa de baixo,
barba de 3 dias, servindo uma cerveja e esperando
que alguma coisa literária ou sinfônica aconteça;
mas eles seguem circulando, circulando, e um homem velho
e magro
em seu último inverno desliza puxado por uma garota
com um uniforme de escola católica;
para algum lugar além há os Alpes, e navios
cruzam agora mesmo o mar;
há pilhas e mais pilhas de bombas-H e -A,
suficientes para explodir cinquenta vezes o mundo e Marte
junto,
mas eles seguem circulando,
a garota movimentando o traseiro,
e as colinas de Hollywood mantêm-se lá, mantêm-se lá
cheias de bêbados e pessoas insanas e
muitos beijos nos automóveis,

mas isso nada resolve: *che sarà, sarà*:
seu cachorro branco e encardido não cagará,
e com um último olhar para as unhas
ela, fazendo rebolar ao máximo o traseiro
desce em direção ao pátio
seguida por seu cachorro constipado (simplesmente sem se
importar),
deixando-me a ver o pombo mais antissinfônico.
bem, quanto ao balanço das coisas, relaxe:
as bombas
nunca vão ser
detonadas.

o cisne

também na primavera os cisnes morrem
e ali ele flutuava
morto num domingo
de lado
circulando em correnteza
e andei até a rotunda
e no alto
deuses em carruagens
cães, mulheres
circulavam,
e a morte
desceu minha garganta
feito um rato,
e ouvi as pessoas chegando
com sacolas de piquenique
e risos,
e me senti culpado
pelo cisne
como se a morte
fosse algo vergonhoso
e feito um tolo
fui embora
e o abandonei
meu lindo cisne.

feijão com alho

isto basta em sua importância:
resfrie seus sentimentos,
isto é melhor do que se barbear
ou cozinhar feijão com alho.
é o mínimo que podemos fazer
esta pequena bravura de conhecimento
e claro que há
também loucura e terror
em saber
que uma parte de você
à qual se deu corda como a um relógio
não pode jamais voltar a girar
uma vez que pare.
mas agora
há um tique-taque debaixo de sua camisa
e você mexe os feijões com uma colher,
um amor morto, um amor distante
outro amor...
ah! tantos amores quanto feijões
sim, conte-os agora
triste, triste
seus sentimentos fervendo sobre a chama,
abaixe o fogo.

um poema é uma cidade

um poema é uma cidade cheia de ruas e esgotos
cheia de santos, heróis, mendigos, loucos,
cheia de banalidade e bebida,
cheia de chuva e trovão e períodos de
seca, um poema é uma cidade em guerra,
um poema é uma cidade perguntando a um relógio por quê,
um poema é uma cidade em chamas,
um poema é uma cidade sob armas
suas barbearias cheias de bêbados cínicos,
um poema é uma cidade na qual Deus cavalga nu
pelas ruas como Lady Godiva,
onde os cães latem à noite afugentando
a bandeira; um poema é uma cidade de poetas,
na maioria bastante parecidos
e invejosos e amargos...
um poema é esta cidade agora,
a 50 milhas de lugar nenhum,
9:09 da manhã,
o gosto de trago e cigarros,
sem polícia, sem amantes andando nas ruas,
este poema, esta cidade, fechando suas portas,
barricada, quase vazia,
triste sem lágrimas, envelhecendo sem piedade,
as montanhas rochosas,
o oceano como chama de lavanda,
uma lua desprovida de grandeza,
baixa música em janelas quebradas...

um poema é uma cidade, um poema é uma nação,
um poema é o mundo...

e agora enquanto enfio isto aqui sob vidro
para o escrutínio do louco editor macilento,
e a noite está em outro lugar
e débeis senhoras cinzentas fazem fila,
cão segue cão rumo ao estuário,
as trombetas trazem forcas
enquanto homenzinhos reclamam de coisas
que não conseguem fazer.

consumação da dor

eu até ouço as montanhas
o jeito como riem
pra cima e pra baixo nas encostas azuis
e lá embaixo na água
os peixes choram
e a água toda
são suas lágrimas.
eu ouço a água
nas noites que passo bebendo
e a tristeza se torna tão grande
que a ouço no meu relógio
ela vira um calombo na minha cômoda
ela vira papel no chão
ela vira uma calçadeira
uma nota da lavanderia
ela vira
fumaça de cigarro
escalando uma capela de vinhas escuras...

pouco importa

bem pouco amor não é tão ruim
ou bem pouca vida

o que conta
está esperando nas paredes
eu nasci para isso

nasci para trambicar rosas nas avenidas dos mortos.

para Jane: com todo o amor que eu tinha, que não foi suficiente

eu junto a saia,
junto as contas cintilantes
pretas,
essa coisa que um dia se mexeu
em volta de carne,
e chamo Deus de mentiroso,
porque qualquer coisa que se mexesse
daquele jeito
ou soubesse
meu nome
jamais poderia morrer
na veracidade comum da morte,
e junto
do chão seu encantador
vestido,
o encanto dela se foi,
e falo a
todos os deuses,
deuses judeus, deuses-Cristo,
lascas de coisas lampejantes,
ídolos, pílulas, pão,
braças, riscos,
rendição inteligente,
ratos no molho de 2 que piraram
sem a menor chance,
inteligência de beija-flor, chance de beija-flor,
eu me curvo em cima disso,
eu me curvo em cima disso tudo

e sei:
seu vestido em meu braço:
mas
não vão
devolvê-la pra mim.

para Jane

225 dias sob a grama
e você sabe mais do que eu.

há muito tiraram seu sangue,
você virou vara seca numa cesta.

é assim que funciona?

neste quarto
as horas de amor
ainda fazem sombras.

quando partiu
você levou quase
tudo.

toda noite me ajoelho
perante tigres
que não me deixam em paz.

o que você foi
não vai acontecer de novo.

os tigres me acharam
e eu não me importo.

John Dillinger e
le chasseur maudit

é uma desgraça, e simplesmente não é o estilo, mas não estou nem aí:
garotas me lembram cabelos no ralo, garotas me lembram de intestinos
e bexigas e movimentos excretórios; é uma desgraça que também
carrocinhas de sorvete, bebês, válvulas de motor, plagióstomos, palmeiras,
passos no corredor... tudo isso me excita com a fria calma
de uma lápide; em nenhum lugar, talvez, haja santuário exceto
em ouvir falar que houve antes outros homens desesperados:
Dillinger, Rimbaud, Villon, Babyface Nelson, Sêneca, Van Gogh,
ou mulheres desesperadas: lutadoras, enfermeiras, garçonetes, prostitutas
poetas... ainda que
eu considere que o estalar dos gelos na fôrma seja importante
ou um rato farejando uma lata de cerveja vazia –
dois vazios profundos se encarando,
ou o mar noturno entupido de asquerosos navios
que entram pela cuidadosa teia de seu cérebro com suas luzes,
com suas luzes salgadas
que tocam você e o abandonam
pelo amor mais sólido de alguma Índia;
ou dirigir longas distâncias sem nenhuma razão
dormir drogado entre janelas abertas que
rasgam e golpeiam sua camisa como um pássaro assustado,

e sempre os semáforos, sempre vermelhos,
fogo noturno e derrota, derrota...
escorpiões, pancadarias, fardos:
ex-empregos, ex-mulheres, ex-rostos, ex-vidas,
Beethoven em sua cova tão morto como uma beterraba;
carretas vermelhas, sim, talvez,
ou uma carta do Inferno assinada pelo diabo
ou dois bons rapazes mandando porrada um no outro
em algum estádio de segunda cheio de fumaça urrante,
mas a maior parte do tempo, nem aí, eu sentado aqui
com a boca cheia de dentes podres,
sentado aqui lendo Herrick e Spenser e
Marvell e Hopkins e Brontë (Emily, hoje);
e ouvindo *A bruxa do meio-dia* do Dvorak
ou *Le Chasseur Maudit* do Franck,
de fato não estou nem aí pra nada, e isso é uma desgraça:
venho recebendo cartas de um jovem poeta
(muito jovem, ao que parece) me dizendo que algum dia
serei seguramente reconhecido como
um dos maiores poetas do mundo. *Poeta!*
uma má conduta: hoje caminhei ao sol pelas ruas
desta cidade: vendo nada, aprendendo nada, sendo
nada, para depois voltar ao meu quarto
passei por uma velha senhora que sorria um sorriso horrendo;
ela já estava morta, e em toda a parte eu me lembrava de cabos:
cabos de telefone, cabos da rede elétrica, cabos para rostos
elétricos
encurralados como peixes dourados no aquário e sorrindo,
e os pássaros já se foram, nenhum dos pássaros a fim de cabos
ou sorrisos de cabos
e eu fecho minha porta (finalmente)
mas através das janelas seguia tudo igual:
uma buzina soou, alguém riu, outro deu a descarga,
e então de um jeito estranho

pensei em todos os cavalos numerados
que se foram ao som do grito,
como Sócrates, como Lorca,
como Chatterton...
prefiro imaginar que nossas mortes não importarão muita
coisa
senão como uma questão exposta, um problema,
como pôr o lixo para fora,
e ainda que eu tenha guardado as cartas do jovem poeta
não acredito nelas
mas feito as
palmeiras enfermas
e o pôr do sol
eu de vez em quando as olho.

crucifixo em uma mão morta

sim, elas começam a surgir a partir de um salgueiro, penso
as montanhas enrijecidas começam no salgueiro
e seguem erguendo-se sem qualquer consideração por
pumas e nectarinas
de algum modo essas montanhas são como
uma velha senhora com má memória e
um cesto de compras.
estamos numa depressão. esta é a
ideia. mergulhada na areia e entre alamedas,
esta terra perfurada, algemada, dividida,
retida como um crucifixo numa mão morta,
esta terra comprada, revendida, comprada de novo e
vendida de novo, tantas e longas guerras,
os espanhóis refazendo o caminho de volta até a Espanha
mais uma vez os ilhós, e agora
corretores, locadores, sublocadores, engenheiros que discutem
à beira de autoestradas. esta é a terra deles e
eu caminho sobre ela, vivo nela um pouco
perto de Hollywood aqui eu vejo jovens em seus quartos
escutando discos gastos
e também penso em velhos fartos de música
fartos de tudo, e a morte como suicídio
às vezes penso que é voluntário, e que para conseguir
se agarrar a esta terra é melhor voltar ao
Grande Mercado Central, ver as velhas mexicanas,
os pobres... tenho certeza de que você já viu essas mulheres
anos e anos a fio
brigando
com os mesmos e jovens atendentes japoneses

argutos, sábios e dourados
entre seus sublimes estoques de laranjas, maçãs
abacates, tomates, pepinos –
e você sabe o aspecto *desses*, parecem ótimos
se você pudesse comer todos eles
acender um charuto e numa baforada exalar o mundo mau.
de modo que é melhor retornar para os bares, os mesmos bares
amadeirados, fedidos, implacáveis, verdes
pela presença de jovens policiais que os invadem
assustados e em busca de confusão,
e a cerveja continuará um lixo
com aquele gosto final que é mistura de vômito e
decadência, e mergulhado nas sombras você tem que ser forte
para ignorá-lo, ignorar os pobres e a si mesmo
e a sacola de compras entre suas pernas
ali no chão e se sentindo bem com seus abacates e
laranjas e peixe fresco e garrafas de vinho, quem precisa
de um inverno em Fort Lauderdale?
25 anos atrás costumava haver uma puta ali
com um filme sobre um dos olhos, gorda ao extremo
que fazia pequenas sinetas com o papel laminado do
maço de cigarro. o sol parecia esquentar mais então
ainda que isso dificilmente seja
verdade, e você apanha sua sacola de compras
e sai a caminhar pela rua
e a cerveja verde fica ali
pairando na boca de seu estômago como
uma curta e vergonhosa mantilha, e
você dá uma olhada ao redor e já não
vê nenhum
velho.

CRUCIFIX IN A DEATHHAND

yes, they begin out in the willow, I think
the starch mountains begin out in the willow
and keep right on going without regard for
pumas or nectarines
somehow these mountains are like an old woman
with a bad memory and a shopping
basket. we are in the basin. that is the
idea. down in the sand and the alleys,
this land punched-in, cuffed-out, divided,
held like a crucifix in a deathhand,
this land bought, resold, bought again and
sold again, the wars long over,
the Spaniards all the way back in Spain
down in the thimble again, and now
real estaters, subdividers, landlords, freeway
engineers arguing. this is their land and
I walk on it, live on it a little while
near Hollywood here where I see young men in rooms
listening to glazed recordings
and I think too of old men sick of music
sick of everything, and death like suicide
I think is sometimes voluntary, and to get your
hold on the land here it is best to return to the
Grand Central Market, see the old Mexican women
the poor... I am sure you have seen these same women
many years before
arguing
with the same young Japanese clerks
witty, knowledgeable and golden
among their soaring store of oranges, apples,
avocadoes, tomatoes, cucumbers—
and you know how these look, they do look good
as if you could eat them all
light a cigar and smoke away the bad world.
then it's best to go back to the bars, the same bars—
wooden, stale, merciless, green
with the young policeman walking through
scared and looking for trouble
and the beer is still bad,
it has an edge that already mixes with vomit and
decay, and you've got to be strong in the shadows
to ignore it, to ignore the poor and to ignore yourself
and the shopping bag between your legs
down there feeling good with its avocadoes and oranges and
fresh fish and wine bottle, who needs a Fort Lauderdale winter?
25 years ago there used to be a whore here with a
film over one eye, who was too fat and made little silver bells
out of cigarette tinfoil. the sun seemed warmer then
although this was probably not
true, and you
take your shopping bag outside and walk along the street
and the green beer hangs there just above your stomach like
a short and shameful shawl, and
you look around and no longer
see any
old men.

Charles Bukowski

alguma coisa para os especuladores, para as freiras, para os atendentes do mercado e para você...

nós temos tudo e não temos nada
e alguns homens resolvem as coisas em igrejas
e outros homens resolvem as coisas partindo borboletas
ao meio
e alguns homens resolvem as coisas em Palm Springs
enfiando-as em loiras amanteigadas
com almas de Cadillac
Cadillacs e borbletas
nada e tudo,
o rosto derretendo até a última baforada
num porão em Corpus Christi
há alguma coisa para os especuladores, para as freiras,
para os atendentes do mercado e para você...
alguma coisa às 8 da manhã, alguma coisa na biblioteca
alguma coisa no rio,
tudo e nada,
no matadouro essa coisa vem correndo ao longo
do teto presa a um gancho, e você a balança –
um
    dois
        três
e então você consegue, $200 de carne
morta, os ossos contra os seus
alguma coisa e nada.
é sempre cedo demais para morrer e

ao mesmo tempo tarde demais,
e o sangue extraído na bacia branca
nada lhe revela de fato
e os coveiros jogando pôquer além
das 5 da manhã, esperando que o gramado
se liberte da geada...
eles não lhe revelam nada de nada.

nós temos tudo e não temos nada –
dias com arestas de vidro e o fedor insuportável
de musgos do rio – pior do que merda;
dias de tabuleiro de movimentos e contramovimentos,
o interesse gasto, tendo a derrota ou a vitória o mesmo
sentido; dias lentos como mulas
a carregá-los estilhaçados e tristes e endurecidos pelo sol
por uma estrada onde um louco aguarda sentado entre
passarinhos azuis e cambaxirras aprisionados e sugados até
um cinza
quebradiço.
bons dias também de vinho e gritaria, brigas
em becos, pernas gordas de mulheres lutando ao redor
de suas entranhas enterradas em gemidos,
os sinais nas arenas como diamantes gritando
Mãe Capri, violetas rasgando o chão
dizendo para você que se esqueça dos exércitos mortos e dos
amores
que lhe roubaram.
dias em que as crianças dizem coisas engraçadas e brilhantes
como selvagens tentando lhe mandar uma mensagem através
de seus corpos enquanto seus corpos ainda
têm vida o suficiente para transmitir e sentir e correr para lá
e para cá sem amarras e contracheques e
ideais e posses e opiniões
de girino.

dias em que você pode chorar o dia inteiro num
quarto verde com a porta trancada, dias
em que você pode rir na cara do entregador de pães
porque as pernas dele são muito longas, dias
de olhar para cercas...

e nada, e nada. dias de
chefes, de homens amarelos
com mau hálito e pés grandes, homens
que parecem sapos, hienas, homens que caminham
como se a melodia jamais tivesse sido inventada, homens
que pensam que é inteligente contratar e demitir e
lucrar, homens com mulheres caras que eles possuem
como 60 acres de solo a ser perfurado
ou a serem exibidas ou postas a segura distância
dos incompetentes, homens capazes de matar você
porque eles são loucos e o justificam porque
esta é a lei, homens que se plantam em frente a
janelas com 9 metros de extensão e não veem nada,
homens com iates de luxo capazes de dar a volta
ao mundo e ainda assim jamais saírem dos bolsos de seus
coletes, homens como caracóis, homens como enguias, homens
como lesmas, e não tão bons quanto...

e nada, recebendo seu último salário
num porto, numa fábrica, num hospital, numa
fábrica de aviões, em fliperamas, numa
barbearia, num emprego que você não pode
tolerar.
imposto de renda, doença, servidão, braços
quebrados, cabeças quebradas – o enchimento todo
saltando para fora como de um velho travesseiro.

nós temos tudo e não temos nada.
alguns se viram bem por algum tempo e
depois desistem. a fama os pega ou a repulsa
ou a idade ou a falta de uma dieta adequada ou a tinta
nos olhos ou crianças nas faculdades
ou carros novos ou costas lesionadas ao esquiar
na Suíça ou novos políticos ou novas esposas
ou apenas a mudança natural e a decadência –
o homem que você conheceu ontem dando ganchos
durante dez assaltos ou bebendo por três dias e
três noites nas montanhas Sawtooth agora
apenas alguma coisa debaixo de um lençol ou de uma cruz
ou de uma pedra ou debaixo de uma fácil desilusão,
ou carregando uma bíblia ou uma sacola de golfe ou uma
valise: como eles vão, como eles vão! – todos
aqueles que você jamais pensou que iriam.

dias como este. como o seu dia hoje.
talvez a chuva na janela tentando
atravessar e chegar até você. o que você está vendo?
o que é? onde você está? os melhores
dias são às vezes os primeiros, às vezes
os intermediários e até mesmo por vezes os derradeiros.
as vagas vazias não estão mal, as igrejas nos
postais da Europa não estão mal. as pessoas
nos museus de cera congeladas em sua melhor esterilidade
não estão mal, horríveis mas não mal. o
canhão, pense no canhão. e a torrada no
café da manhã o café quente a ponto de você
saber que sua língua continua aí. três
gerânios do lado de fora da janela, tentando ser
vermelhos e tentando ser cor-de-rosa e tentando ser
gerânios. não é de espantar que às vezes as mulheres

chorem, não é de espantar que as mulas não queiram
subir as colinas. você está num quarto de hotel
em Detroit atrás de um cigarro? mais um dia
dos bons. um pedacinho dele. e enquanto isso
as enfermeiras saem do prédio depois
de seu turno, tendo tido o bastante, oito enfermeiras
com diferentes nomes e lugares diferentes
para ir – atravessando o gramado, algumas delas
querem chocolate quente e um jornal, algumas delas querem
um
banho quente, algumas delas querem um homem, algumas
delas dificilmente pensam em qualquer coisa. o que basta
e o que não basta. arcos e peregrinos, sarjetas
laranjas, samambaias, anticorpos, caixas de
lenços de papel.

no sol por vezes mais decente
há o sentimento levemente esfumaçado das urnas
e o som enlatado de velhos aviões de guerra
e se você entrar e correr seu dedo
pelo peitoril da janela você encontrará
sujeira, talvez até mesmo um pouco de terra.
e se você olhar através da janela
o dia chegará, e quando
ficar mais velho você seguirá olhando
seguirá olhando
chupando a língua de leve
ah ah   não não   talvez

alguns o fazem de modo natural
alguns de maneira obscena
em toda a parte.

nº 6

vou mesmo com o cavalo nº 6
numa tarde chuvosa
um copo de papel com café
na mão
falta ainda um pouco,
o vento fazendo vocjar em espiral
pequenas cambaxirras do
telhado da arquibancada superior,
os jóqueis surgindo
para uma meia corrida
em silêncio
e a chuva mansa fazendo
tudo
de uma só vez
parecer quase igual,
os cavalos em paz uns
com os outros
antes da guerra bêbada
e eu estou na parte coberta da arquibancada
ansiando por
cigarros
conformado com o café,
então os cavalos se aproximam
levando seus homenzinhos
dali –
é fúnebre e gracioso
e agradável
como o abrir
das flores.

e a lua e as estrelas e o mundo:

longas caminhadas à
noite –
isso é que é bom
para
a alma:
espiar janelas
ver donas de casa
cansadas
tentando
rechaçar
seus maridos enlouquecidos de
cerveja.

história verdadeira

eles o encontraram caminhando ao longo da autoestrada
coberto de vermelho
na frente
ele apanhara uma lata enferrujada
e cortara seu maquinário
sexual
como a dizer –
vejam o que fizeram
comigo? vocês bem poderiam ficar com o
resto.

e ele colocou uma parte de si
num dos bolsos e
outra parte de si
no outro
e foi assim que o encontraram,
seguindo em
frente.

eles o encaminharam para os
médicos
que tentaram costurar de volta
as
partes
mas as partes estavam
bastante satisfeitas
de estarem como
estavam.

às vezes eu penso em todos os bons
caras
que se transformam
nos monstros do
mundo.

talvez tenha sido sua forma de protestar contra
isto ou
protestar
contra
tudo.

um homem solitário
A Marcha da Liberdade
que nunca se espremeu
entre
as críticas de concertos e os
resultados do
beisebol.

Deus, ou alguém,
o
abençoe.

o gênio da multidão

Há uma dose suficiente de ódio, deslealdade, violência,
Absurdidade no ser humano
médio
Para abastecer qualquer exército a qualquer momento.
E Os Melhores No Assassinato São Aqueles
Que Pregam Contra Ele.
E Os Melhores No Ódio São Aqueles
Que Pregam AMOR
E OS MELHORES NA GUERRA
— FINALMENTE — SÃO AQUELES QUE PREGAM
PAZ

Os Que Pregam DEUS
PRECISAM De Deus
Os Que Pregam PAZ
Não Têm Paz.
OS QUE PREGAM AMOR
NÃO TÊM AMOR
CUIDADO COM OS PREGADORES
Cuidado Com Quem Sabe Tudo.

Cuidado
Com Quem
Está SEMPRE
LENDO
LIVROS

Cuidado Com Quem Detesta
Pobreza Ou Se Orgulha Dela

CUIDADO Com Os Rápidos Em Louvar
Pois Precisam De LOUVOR Em Retribuição
CUIDADO Com Os Rápidos Em Censurar:
Eles Temem Aquilo Que
Não Sabem

Cuidado Com Os Que Buscam A Constante
Multidão; Eles Não São Nada
Sozinhos

Cuidado
Com O Homem Médio
Com A Mulher Média
CUIDADO Com Seu Amor

Seu Amor É Médio, Busca
O Médio
Mas Há Gênio Em Seu Ódio
Há Gênio Suficiente Em Seu
Ódio Para Te Matar, Para Matar
Qualquer Um.

Não Querendo A Solidão
Não Entendendo A Solidão
Tentarão Destruir
Qualquer Coisa
Que Divirja
Da Deles

Não Sendo Capazes
De Criar Arte

        Nunca Irão
        Entender A Arte

Vão Considerar Seu Fracasso
Como Criadores
Como Um Mero Fracasso
Do Mundo

Não Sendo Capazes De Amar Plenamente
ACREDITARÃO Que Teu Amor É
Incompleto
E ENTÃO VÃO TE
ODIAR

E Seu Ódio Será Perfeito
Como Um Diamante Brilhante
Como Uma Faca
Como Uma Montanha
COMO UM TIGRE
COMO Cicuta
        Sua Mais Refinada
        ARTE

conheci um gênio

conheci um gênio hoje no
trem
tinha uns 6 anos,
sentou-se a meu lado
e enquanto o trem
seguia ao longo da costa
nos deparamos com o oceano
e então ele me olhou
e disse,
"não é bonito".

foi a primeira vez em que me dei
conta
disso.

suástica abotoada na minha bunda

sentado aqui queimando aranhas fatalmente com meu
charuto
mal consigo acreditar que as xotas de vocês são todas tão
doces quanto as minhas costumavam
ser.
eu fazia em lareiras
em escadas de incêndio
em milharais
no quarto da mãe (com a mãe) (às vezes)
em meio a explosões de bomba em Nantes e St. Étienne
sobre a pia na latrina dos homens
num trem passando por Utah.
já fiz sóbrio
chapado
louco e são.
já fiz quando quis e quando não
quis.
já fiz com mulheres duas vezes mais velhas e com mulheres
que tinham metade
da minha idade.
já fiz com animais, já fiz com carne morta:
bife e manteiga derretida e já usei minha
mão.

agora as únicas coisas que ficam de pé por aqui
são as hastes que sustentam os
abajures. vou roubar um banco ou encher de porrada um
cego uma hora dessas e nunca saberão
por quê.

os melros estão bravos hoje

solitários como um pomar seco e usado
espalhado pela terra
para uso e rendição.

abatidos como um ex-pugilista vendendo
jornais na esquina.

tomados de lágrimas feito
uma dançarina envelhecida
que recebeu seu último cheque.

um lenço é indispensável teu senhor teu
culto.

os melros estão bravos hoje
como
unhas encravadas
num pernoite na
prisão –
vinho vinho vinha,
os melros correm a esmo e
voam a esmo
repisando sobre
ossos e melodias espanholas.

e todo lugar é
lugar nenhum –
o sonho é ruim como
panquecas e pneus furados:

por que prosseguimos
com nossas mentes e
bolsos cheios de
pó
como um malcriado recém-saído da
escola –
você me
diga,
você que foi herói em certa
revolução
você que ensina crianças
você que bebe com calma
você que possui casas grandes
e caminha em jardins
você que matou um homem e possui uma
linda mulher
você me diga
por que eu estou em chamas como lixo velho
seco.

certamente poderíamos manter uma interessante
correspondência.
o carteiro terá trabalho.
e as borboletas e formigas e pontes e
cemitérios
os fabricantes de foguetes e cães e mecânicos
prosseguirão por um
tempo
até que nos faltem selos
e/ou
ideias.

não tenha vergonha de
nada; acho que Deus quis criar tudo

como
fechaduras em
portas.

levando em conta –

levando em conta o que podemos ver –
os motores nos enlouquecendo,
amantes finalmente odiando;
aquele peixe no mercado
encarando o interior das nossas mentes;
flores apodrecendo, moscas presas na teia;
motins, rugidos de leões enjaulados,
palhaços apaixonados por notas de dólar,
nações movendo pessoas como peões;
ladrões diurnos com lindos
vinhos e esposas noturnos;
as prisões lotadas,
o desempregado corriqueiro,
grama moribunda, fogos de meia-tigela;
homens velhos o bastante para amar o túmulo.

essas coisas, e outras, em conteúdo
mostram a vida rodopiando num eixo podre.

mas nos deixaram um pouco de música
e um espetáculo de salto alto na esquina,
uma dose de scotch, uma gravata azul,
um pequeno volume de poemas de Rimbaud,
um cavalo correndo como se o diabo estivesse
torcendo seu rabo
sobre o pasto e gritando, e então,
o amor outra vez
como um bonde virando a esquina
na hora certa,

a cidade esperando,
o vinho e as flores,
a água andando através do lago
e verão e inverno e verão e verão
e inverno outra vez.

outra academia

como eles podem continuar, você os vê
sentados em velhas entradas
com gorros sujos e manchados e roupas grossas e
nenhum lugar pra ir;
cabeças baixas, braços sobre
joelhos eles
esperam.
ou param na frente da Missão
700 deles
quietos como bois
esperando que os deixem entrar na capela
onde dormirão eretos nos bancos duros
encostados uns nos outros
roncando e
sonhando;
homens
sem.

na cidade de Nova York
onde faz mais frio
e eles são caçados por seus próprios
companheiros, com frequência esses homens rastejam sob os
radiadores dos carros,
bebem o anticongelante,
ficam gratos e aquecidos por alguns minutos, e então
morrem.

mas essa é uma cultura
mais antiga e mais

sábia;
aqui eles se coçam e
esperam,
enquanto na Sunset Boulevard os
hippies e yippies
pedem carona com suas
botas de
$50.

na frente da Missão, ouvi um cara dizer para
outro:
"John Wayne ganhou."
"Ganhou o quê?", disse o outro cara
jogando o toco de seu cigarro enrolado na
rua.

achei essa
bastante boa.

a leitura de poesia

ao meio-dia
numa pequena faculdade perto da praia
sóbrio
o suor escorrendo pelos braços
um pingo de suor na mesa
aliso com meu dedo
dinheiro sangrento dinheiro sangrento
meu deus eles devem achar que adoro isso igual aos outros
mas é para pão e cerveja e aluguel
dinheiro sangrento
estou tenso   todo errado   me sinto mal
pobre gente   estou fracassando   estou fracassando

uma mulher se levanta
sai
bate a porta

um poema sujo
alguém me pediu pra não ler poemas sujos
aqui

é tarde demais.

meus olhos não enxergam certos versos
eu pulo esses
versos –
tremendo em desespero
todo errado

não ouvem minha voz
e eu digo,
desisto, já era, pra mim
acabou.

e mais tarde no meu quarto
há scotch e cerveja:
o sangue de um
covarde.

este então
será meu destino:
juntar moedinhas em minúsculas salas escuras
lendo poemas dos quais me cansei há
muito.

e eu costumava achar
que os homens que dirigiam ônibus
ou limpavam latrinas
ou matavam homens em becos eram
tolos.

os últimos dias do garoto suicida

consigo me ver agora
depois de tantos dias e noites suicidas,
sendo empurrado pra fora de uma dessas estéreis casas de repouso
(claro, isso é só se eu ficar famoso e tiver sorte)
por uma enfermeira entediada e subnormal...
lá estou eu, sentado ereto na minha cadeira de rodas...
quase cego, olhos rolados para o lado escuro do meu crânio
buscando
a misericórdia da morte...

"Não é um dia lindo, sr. Bukowski?"

"Ah, sim, sim..."

as crianças passam andando e eu nem existo
e adoráveis mulheres passam
com grandes quadris gostosos
e nádegas quentes e tudo firme gostoso
rezando pra ser amadas
e eu nem mesmo
existo...

"É o primeiro sol que aparece em 3 dias,
sr. Bukowski."

"Ah, sim, sim."

lá estou eu, sentado ereto na minha cadeira de rodas,
estou mais branco do que esta folha de papel,
exangue,
cérebro perdido, jogo perdido, eu, Bukowski,
perdido...

"Não é um dia lindo, sr. Bukowski?"

"Ah, sim, sim...", mijando no meu pijama, baba escorrendo
da boca.

2 meninos de uma escola passam correndo –

"Ei, você viu aquele velho?"

"Nossa, sim, me deu nojo!"

depois de todas as ameaças de fazê-lo
outra pessoa cometeu suicídio por mim
afinal.

a enfermeira detém a cadeira de rodas, arranca uma rosa de
um arbusto próximo,
bota na minha
mão.

não sei nem dizer
o que é. pode até ser o meu pinto
porque não serve
pra nada.

o banho

nós gostamos de tomar banho depois
(gosto mais do que ela de água bem quente)
e o rosto dela é sempre macio e calmo
e ela me lava primeiro
espalha espuma pelo meu saco
levanta o saco
aperta os colhões,
então lava o pau:
"ei, essa coisa ainda está dura!"
então pega os pelos todos ali embaixo –
a barriga, as costas, o pescoço, as pernas,
eu abro sorriso sorriso sorriso,
e então a lavo...
primeiro a xota, eu
fico atrás dela, meu pau em suas nádegas
vou ensaboando suavemente os pelos da xota,
lavo ali num movimento relaxante,
me demoro talvez mais que o necessário,
então pego a parte de trás das pernas, a bunda,
as costas, o pescoço, eu a viro, eu a beijo,
ensaboo os peitos, pego eles e a barriga, o pescoço,
a frente das pernas, os tornozelos, os pés,
e então a xota, mais uma vez, pra dar sorte...
outro beijo, e ela sai primeiro,
entoalhada, às vezes cantando enquanto eu permaneço
ligando a água no mais quente
curtindo os bons momentos do milagre do amor
e então saio...
geralmente é a calmaria do meio da tarde,

vestindo as roupas conversamos sobre o que mais
pode haver pra fazer,
mas estarmos juntos resolve a maior parte,
na verdade, resolve tudo
pois enquanto essas coisas permanecerem resolvidas
na história da mulher e do
homem, é diferente pra cada um
melhor e pior pra cada um –
para mim, já é bastante esplêndido recordar
a passagem dos exércitos em marcha
e os cavalos percorrendo as ruas lá fora
a passagem das memórias de dor e derrota e infelicidade:
Linda, você o trouxe pra mim,
quando levá-lo embora
vá devagar, sem esforço
leve-o como se eu estivesse morrendo no meu sono e não na
minha vida, amém.

The Mockingbird

the mockingbird has been following the cat
all summer
mocking mocking mocking
teasing
~~avaricious~~ and cocksure;
the cat crawled under rockers on porches
tail flashing
and he said something very angry to the mockingbird
which I didn't understand.
~~of course, the bird was protecting its nest~~
~~I understood.~~

yesterday the cat walked calmly up the driveway
with the mockingbird alive in its mouth,
wings fanned, beautiful wings fanned and flopping,
feathers parted like a woman's legs in sex,
and the bird was no longer mocking,
it was asking, it was praying
but the cat
striding down through centuries
would not listen.

I saw it crawl under a yellow car
with the bird
to bargain it to another place.

summer was over.

o tordo-dos-remédios

o tordo-dos-remédios vinha seguindo aquele gato
pelo verão todo
remedando remedando
provocador, todo convencido;
o gato rastejava sob cadeiras de balanço em varandas
rabo em riste
e dizia para o tordo algo muito furioso
que eu não entendia.

ontem o gato surgiu tranquilo pela frente da garagem
com o tordo vivo na boca,
asas em leque, belíssimas asas em leque, baqueadas,
plumas abertas como pernas de mulher no sexo,
e o pássaro já não remedava,
ele pedia, ele rogava
mas o gato
andando a passos largos pelos séculos
não dava atenção.

vi o gato rastejar pra baixo de um carro amarelo
com o pássaro
para barganhá-lo a outro lugar.

o verão tinha terminado.

estilo

estilo é a resposta pra tudo –
um jeito novo de abordar algo chato ou
perigoso.
fazer algo chato com estilo
é preferível a fazer algo perigoso
sem ele.

Joana d'Arc tinha estilo
João Batista
Cristo
Sócrates
César,
García Lorca.

estilo é a diferença,
um jeito de fazer,
um jeito de ser feito.

6 garças paradas quietas numa poça d'água
ou você saindo do banheiro nua
sem me
ver.

garota de minissaia lendo a Bíblia na minha janela

domingo. estou comendo uma
toranja. missa acabou na Russa
Ortodoxa da zona
oeste.
ela é morena
de ascendência oriental,
grandes olhos castanhos levantam da Bíblia
então descem. uma pequena Bíblia vermelha e
preta, e enquanto ela lê
suas pernas ficam mexendo, mexendo,
ela dança num ritmo lento
lendo a Bíblia...
longos brincos de ouro;
2 pulseiras de ouro em cada braço,
e é um *terninho*, eu acho,
o pano cobre seu corpo,
do mais leve bronzeado é o pano,
ela se torce pra lá e pra cá,
longas pernas jovens aquecidas ao sol...

não há como escapar de seu ser
não há desejo disso...
meu rádio toca música sinfônica
que ela não pode ouvir
mas seus movimentos coincidem *exatamente*
com os ritmos da
sinfonia...

ela é morena, ela é morena
ela está lendo sobre Deus.

eu sou Deus.

o cadarço

uma mulher, um pneu que furou, uma
doença, um
desejo; medos na sua frente,
medos tão imóveis
que dá pra estudá-los
como peças num
tabuleiro de xadrez...
não são as coisas grandes que
botam um homem no
hospício... pra morte ele está pronto, ou
assassinato, incesto, roubo, incêndio, enchente...
não, é a contínua série de *pequenas* tragédias
que bota um homem no
hospício...
não a morte de seu amor
mas um cadarço que se rompe
quando não resta tempo...
o pavor da vida
é a vasta montanha de merdas triviais
que podem matar mais rápido que o câncer
e que estão sempre conosco –
emplacamento ou impostos
ou carteira de motorista vencida,
ou contratar ou demitir,
meter em alguém ou alguém te meter, ou
peidos ou constipação
ou multas por excesso de velocidade
ou raquitismo ou grilos ou ratos ou cupins ou

baratas ou moscas ou um
gancho quebrado numa
tela, ou sem gasolina
ou gasolina demais,
a pia está entupida, o senhorio está bêbado,
o presidente não se importa e o governador é
louco.
interruptor quebrado, colchão feito porco-espinho;
$105 para uma retificação, carburador e bomba de combus-
tível na
Sears Roebuck;
e a conta de telefone em alta e o mercado
em baixa
e a corrente da privada quebrou,
e a luz queimou –
a luz do corredor, a luz da frente, a luz dos fundos,
a luz de dentro; está
mais escuro que o inferno
e duas vezes mais
caro.
e há sempre piolhos pubianos e unhas encravadas
e pessoas insistindo que são
suas amigas;
tem sempre isso e pior:
gonorreia, Cristo e Natal;
salame azul, chuvas de 9 dias,
abacates de 50 centavos
e linguiça de fígado
roxa.

ou trampar
como garçonete na Norm's no turno quebrado,
ou como esvaziador de

penicos,
ou como lavador de carros ou ajudante de garçom
ou ladrão de bolsas de velhinhas
deixando-as gritando nas calçadas
com braços quebrados aos 80
anos.

de repente
2 luzes vermelhas no seu espelho retrovisor
e sangue na sua
roupa íntima;
e dor de dente, e $979 por uma ponte
$300 por um dente de
ouro,
e China e Rússia e América, e
cabelo comprido e cabelo curto e nada de
cabelo, e barbas e nada de
barbas, e rostos e nada de
rostos, e muito *zigue-zague* mas nenhum
lugar pra cair morto, exceto talvez na privada ou
em cima das próprias
tripas.
a cada cadarço rompido
em meio a cem cadarços rompidos,
um homem, uma mulher, uma
coisa
entra num
hospício.

então tome cuidado
quando você
se curvar.

esses filhos da puta

os mortos vêm correndo de lado
segurando anúncios de pasta de dente,
os mortos ficam bêbados na véspera de Ano Novo
satisfeitos no Natal
gratos no Dia de Ação de Graças
entediados no 4 de Julho
vadiando no Dia do Trabalho
confusos na Páscoa
sombrios em enterros
fazendo palhaçadas em hospitais
nervosos no nascimento;
os mortos compram meias e calções
e cintos e tapetes e vasos e
mesinhas de centro,
os mortos dançam com os mortos
os mortos dormem com os mortos
os mortos comem com os mortos.

os mortos ficam famintos contemplando cabeças de porcos.

os mortos ficam ricos
os mortos ficam mais mortos

esses filhos da puta

este cemitério acima do solo

uma lápide para a bagunça,
eu digo:
humanidade, você entendeu tudo errado
desde o começo.

quente

ela era quente, era tão quente
que eu não queria que ninguém mais a tivesse,
e se eu não chegasse em casa na hora certa
ela já teria ido, e era uma coisa que eu não podia suportar –
eu enlouquecia...
era uma idiotice, eu sei, uma infantilidade,
mas eu me deixava levar, eu me deixava levar.

eu entregava todas as correspondências
e então Henderson me colocava na coleta noturna
num velho caminhão do exército,
a porra da lata velha começava a aquecer na metade do caminho
e a noite seguia
eu pensando na minha Miriam quente
e entrando e saindo do caminhão
enchendo sacolas com cartas
o motor prestes a fundir
a agulha do termômetro cravada no vermelho
QUENTE QUENTE
como Miriam.

eu seguia saltando
mais 3 coletas e então de volta ao posto
eu estaria, meu carro
à espera de me levar até Miriam que estaria sentada em meu
sofá azul
com um uísque com gelo
cruzando as pernas e balançando os tornozelos

como costumava fazer,
duas coletas mais...
o caminhão enguiçou junto a um sinal, era o inferno
dando suas caras
mais uma vez...
eu tinha que chegar em casa até as 8, 8 era o prazo final de
Miriam.

fiz a última coleta e o caminhão enguiçou num sinal
a meia quadra do posto...
não tinha jeito de dar a partida, de jeito nenhum...
tranquei as portas, apanhei a chave e corri até o
posto...
me livrei das chaves... assinei o ponto...
"a porra do seu caminhão está enguiçado no sinal,
Pico com a Western..."

...corri pelo corredor, coloquei a chave na porta,
abri... seu copo de bebida estava lá, e um bilhete:

fio da puta:
    isperei até 8 e sinco
    você não me ama
    seu fio da puta
    alguém vai me amar
    fiquei isperando o dia todo
        Miriam

servi um drinque e deixei a água encher a banheira
havia 5.000 bares na cidade
e eu percorri 25 deles
atrás de Miriam

seu ursinho púrpuro de pelúcia segurava o bilhete
e ele estava escorado num travesseiro

dei um trago para o urso, outro para mim
e entrei na água
quente

problema com espanha

entrei no chuveiro
e queimei meus bagos
na última quarta-feira.

conheci este pintor chamado Espanha,
não, ele era um cartunista,
bem, conheci-o numa festa
e todos ficaram putos comigo
por eu não saber quem ele era
ou o que ele fazia.

ele era um cara bem bonito
e suponho que ele tenha ficado com ciúmes
por eu ser tão feio.
eles me disseram seu nome
e ele estava encostado contra a parede
parecendo bonito, e eu disse:
ei, Espanha, gosto desse nome: Espanha.
mas não gosto de você. por que não vamos
até o jardim para eu dar uma bica nesse seu
rabo?

isto deixou a anfitriã irritada
e ela foi em sua direção e lhe esfregou o pau
enquanto eu ia até o banheiro
e me aliviava.

mas todos estão brabos comigo
Bukowski, ele já não sabe escrever, está acabado.

vazio. vejam como ele bebe.
nunca teve o hábito de ir a festas.
agora vem às festas e bebe todas
e insulta aqueles que têm talento de verdade.
eu costumava ter admiração por ele quando cortou os pulsos
ou quando tentou se matar com
gás. olhem para ele agora secando aquela garota de 19
anos, e vocês sabem que ele
já não levanta.

eu não apenas queimei meus bagos naquele chuveiro
na última quarta-feira, eu me virei para escapar daquela água
fervente e queimei também o olho do
cu.

um rádio com fibra

era num 2º andar da Coronado Street
eu costumava encher a cara
e jogar o rádio pela janela
enquanto ele tocava, e, claro,
ele quebrava o vidro da janela
e o rádio ficava lá fora no telhado
ainda tocando
e eu dizia à minha mulher,
"Ah, que rádio maravilhoso!"

na manhã seguinte eu tirava a janela
das dobradiças
e a carregava pela rua
até o vidraceiro
que colocava outra vidraça.

eu nunca deixava de jogar aquele rádio pela janela
toda vez que enchia a cara
e ele ficava lá fora no telhado
ainda tocando –
um rádio simplesmente mágico
um rádio com fibra,
e toda manhã eu levava a janela
de volta para o vidraceiro.

não lembro exatamente como terminou
mas lembro
que afinal nos mudamos.

havia uma mulher no andar de baixo que trabalhava
no jardim de maiô
e seu marido reclamava que não conseguia dormir
por minha causa
então nos mudamos
e no endereço seguinte
ou esqueci de jogar o rádio pela janela
ou perdi a
vontade.

e lembro que senti falta da mulher que trabalhava no
jardim de maiô,
ela realmente cavava com aquela espátula
e levantava o traseiro no ar
e eu costumava sentar na janela
e ver o sol brilhar naquela coisa toda

enquanto a música tocava.

poema de amor para Marina

minha menina tem 8 anos
e isso é idade suficiente para pensar
bem ou mal ou
qualquer coisa
então relaxo em volta dela e
ouço várias coisas espantosas
sobre sexo
a vida em geral e a vida em particular;
na maior parte é muito
fácil
exceto que eu me tornei pai quando os homens na maioria
se tornam avôs, sou um iniciante muito tardio
em tudo,
e eu me deito na grama e na areia
e ela arranca dentes-de-leão
e os coloca no meu
cabelo
enquanto eu cochilo sob a brisa marítima.
eu desperto
me sacudo
falo: "que diabo?"
e flores caem sobre os meus olhos e sobre o meu nariz
e sobre os meus lábios.
eu as removo com a mão
e ela se senta em cima de mim
dando risadinhas.

filha,
certo ou errado,

eu te amo, sim,
é só que às vezes eu ajo como se
você não estivesse presente,
mas houve brigas com mulheres
bilhetes deixados em cômodas
trabalhos em fábricas
pneus furados em Compton às 3 da manhã,
todas essas coisas que impedem as pessoas de
conhecer umas às outras e
pior do que
isso.

obrigado pelas
flores.

algumas pessoas nunca enlouquecem

algumas pessoas nunca enlouquecem.
eu, por exemplo, me deitarei atrás do sofá
por 3 ou 4 dias.
me encontrarão ali.
é Querubim, dirão, e
verterão vinho por minha garganta
esfregarão meu peito
hão de me ungir com óleos.

então, me erguerei com um rugido,
um brado, fúria –
amaldiçoarei a todos e ao universo
enquanto lançarei seus pedaços sobre o
gramado.
me sentirei muito melhor
sentado junto a ovos e torradas,
murmurando uma cançãozinha
de súbito me torno tão adorável e
rosado como
uma baleia empanturrada.

algumas pessoas nunca enlouquecem.
que vidas verdadeiramente horrendas
elas devem levar.

o pescador

ele sai todo dia às 7:30 da manhã
com 3 sanduíches de manteiga de amendoim, e
uma lata de cerveja
que ele faz flutuar no balde de iscas.
ele pesca por horas com uma pequena vara para trutas
a três quartos do caminho até o píer.
ele tem 75 anos e o sol não é capaz de bronzeá-lo,
e não importa quanto calor faça
a camisa de lenhador marrom e verde segue ali,
ele apanha estrelas-do-mar, cações, cavala;
apanha-os às dúzias,
não fala com ninguém.
às vezes durante o dia
ele toma sua lata de cerveja.
às 6 da tarde reúne suas coisas e sua pesca
caminha pelo píer
cruzando várias ruas
onde ele entra num pequeno apartamento em Santa Monica
vai até o quarto e abre o jornal vespertino
enquanto sua esposa joga as estrelas-do-mar, os cações e as
cavalas no lixo

ele acende seu cachimbo
e espera pelo jantar.

os homens do lixo

aí vêm eles
esses caras
o caminhão cinzento
o rádio ligado

eles têm pressa

é muito empolgante:
a camisa aberta
as panças pendendo

eles esvaziam as lixeiras
rolam as latas até a boca do caminhão
que as ergue para engolir o conteúdo
com barulho excessivo...

os homens têm que preencher formulários
para conseguir esses empregos
eles têm que pagar pelas casas e
dirigir carros de último modelo

eles se embebedam no sábado à noite

agora enquanto brilha o sol em Los Angeles
eles correm para lá e pra cá com suas latas de lixo

todo esse lixo vai para algum lugar

e eles gritam uns com os outros
depois disso todos voltam ao caminhão
rumo a oeste em direção ao mar

nenhum deles sabe
que estou vivo

CIA REX DE COLETAS

rosto de um candidato político num outdoor

lá está ele:
não muitas ressacas
não muitas brigas com mulheres
não muitos pneus furados
jamais um pensamento suicida

não mais que três dores de dente
nunca perdeu refeição
jamais na cadeia
jamais apaixonado

4 pares de sapatos

um filho na faculdade

um carro de um ano de idade

apólices de seguro

um gramado muito verde

latas de lixo com tampas apertadas

ele será eleito.

a orgulhosa
e magra
morte

eu vejo velhos aposentados nos
supermercados e eles são magros e são
orgulhosos e estão morrendo
estão morrendo de fome em pé sem dizer
nada. muito tempo atrás, entre outras mentiras,
lhes ensinaram que silêncio era
bravura. agora, tendo trabalhado a vida toda,
a inflação os encurralou. eles olham em volta
roubam uma uva
mastigam. por fim fazem compras
minúsculas, o que dá para o dia.
outra mentira que lhes ensinaram:
não roubarás.
preferem morrer de fome do que roubar
(uma uva não vai salvá-los)
e em quartos minúsculos
lendo anúncios dos mercados
morrem de fome
morrem sem som
retirados das pensões
por jovens loiros de longos cabelos
que os deslizam para dentro
e dão partida no motor, esses
jovens
de belos olhos

pensando em Vegas e buceta e
vitória.
é a ordem das coisas: cada um
prova um pouco do mel
e depois a faca.

um poema quase feito

eu vejo você bebendo numa fonte com suas
minúsculas mãos azuis, não, suas mãos não são minúsculas
elas são pequenas e a fonte é na França
de onde você me escreveu aquela última carta e
eu respondi e nunca mais obtive retorno.
você costumava escrever poemas insanos sobre
ANJOS E DEUS, tudo em caixa-alta, e você
conhecia artistas famosos e muitos deles
eram seus amantes, e eu escrevia de volta, está tudo bem,
vá em frente, entre na vida deles, não sou ciumento
porque nós nem nos conhecemos. estivemos perto uma vez em
New Orleans, uma meia quadra, mas nunca nos encontramos,
nunca um contato. assim você seguiu com os famosos, escreveu
sobre os famosos, e, claro, descobriu que os famosos
estavam preocupados com a fama deles – não com a jovem e
bela garota em suas camas, que lhes dava *aquilo*, e que acordava
de manhã para escrever em caixa-alta poemas sobre
ANJOS E DEUS. nós sabemos que Deus está morto, eles nos
disseram,
mas ao ouvi-la eu já não tinha certeza. talvez
fosse a caixa-alta. você era uma das melhores poetas e eu disse
para
os editores, "publiquem-na, publiquem-na, ela é louca mas é
mágica. não há mentira em seu fogo". eu te amei
como um homem ama uma mulher que jamais tocou, para

quem apenas escreveu, de quem manteve algumas fotografias. eu poderia ter te
amado mais se eu tivesse sentado numa pequena sala enrolando um
cigarro e ouvindo você mijar no banheiro,
mas isso não aconteceu. suas cartas ficaram mais tristes.
seus amantes te traíram. criança, escrevi de volta, todos os amantes traem. isso não ajudou. você disse
que tinha um banco em que ia chorar e que ficava numa ponte e a ponte ficava sobre um rio e você sentava no seu banco de chorar
todas as noites e descia o pranto pelos amantes que te machucaram e te esqueceram. escrevi de volta mas não obtive
qualquer retorno. um amigo me escreveu contando do seu suicídio
3 ou 4 meses depois de consumado. se eu tivesse te conhecido provavelmente teria sido injusto com você ou você comigo. foi mesmo melhor assim.

um poema de amor para todas as mulheres que eu conheci

todas as mulheres
todos os seus beijos as
diferentes formas como amam e
falam e precisam.

suas orelhas todas elas têm
orelhas e
gargantas e vestidos
e sapatos e
automóveis e ex-
maridos.

na maioria
as mulheres são muito
calorosas elas me lembram
torrada amanteigada com a manteiga
derretida
nela.

há uma expressão no
olhar: elas foram
dominadas elas foram
enganadas. não sei direito o que
fazer por
elas.

eu sou
um cozinheiro razoável um bom
ouvinte
mas nunca aprendi a
dançar – estava ocupado
então com coisas maiores.

mas desfrutei de suas diferentes
camas
fumando cigarros
olhando fixo para os
tetos. não fui nem perverso nem
injusto. apenas
um estudante.

sei que todas elas têm aqueles
pés e descalças elas atravessam o assoalho enquanto
observo suas nádegas acanhadas no
escuro. sei que elas gostam de mim, algumas até
me amam
mas eu amo bem
poucas.

algumas me dão laranjas e pílulas;
outras falam calmamente de
infância e pais e
paisagens; algumas são quase
loucas mas nenhuma delas é desprovida de
significado; algumas amam
bem, outras nem
tanto; as melhores no sexo nem sempre são as
melhores em outros

aspectos; cada uma tem limites como eu tenho
limites e aprendemos
um ao outro
depressa.

todas as mulheres todas as
mulheres todos os
quartos
os tapetes as
fotos as
cortinas, é
meio como uma igreja só que
às vezes há
risos.

aquelas orelhas aqueles
braços aqueles
cotovelos aqueles olhos
fitando o carinho e
a espera eu fui
abraçado eu fui
abraçado.

arte

conforme o
espírito
decai
a
forma
aparece.

o que eles querem

Vallejo escrevendo sobre
solidão enquanto morria de
fome;
a orelha de Van Gogh rejeitada por uma
puta;
Rimbaud correndo para a África
em busca de ouro e encontrando
um caso incurável de sífilis;
Beethoven ficou surdo;
Pound arrastado pelas ruas
numa gaiola;
Chatterton tomando veneno para rato;
o cérebro de Hemingway pingando dentro
do suco de laranja;
Pascal cortando os pulsos na banheira;
Artaud trancado com os loucos;
Dostoiévski de pé contra um muro;
Crane pulando na hélice de um barco;
Lorca baleado na estrada pelo exército
espanhol;
Berryman pulando de uma ponte;
Burroughs atirando na mulher;
Mailer esfaqueando a sua;
– é isso o que eles querem:
o danado dum show
uma placa luminosa
no meio do inferno.
é isso o que eles querem,
aquele bando de

estúpidos
inarticulados
tranquilos
seguros
admiradores de
carnavais.

um poema para o engraxate

o equilíbrio é preservado pelas lesmas que escalam os
rochedos de Santa Mônica;
a sorte está em descer a Western Avenue
enquanto as garotas numa casa de
massagem gritam para você, "Alô, Doçura!"
o milagre é ter cinco mulheres apaixonadas
por você aos 55 anos,
e o melhor de tudo isso é que você só é capaz
de amar uma delas.
a bênção é ter uma filha mais delicada
do que você, cuja risada é mais leve
que a sua.
a paz vem de dirigir um
Fusca 67 azul pelas ruas como um
adolescente, o rádio sintonizado em O Seu Apresentador
Preferido, sentindo o sol, sentindo o sólido roncar
do motor retificado
enquanto você costura o tráfego.
a graça está na capacidade de gostar de rock,
música clássica, jazz...
tudo o que contenha a energia original do
gozo.
e a probabilidade que retorna
é a tristeza profunda
debaixo de você estendida sobre você
entre as paredes de guilhotina
furioso com o som do telefone
ou com os passos de alguém que passa;
mas a outra probabilidade –

a cadência animada que sempre se segue –
faz com que os caras sentados nos bancos
ao lado dos quiosques de tacos
pareçam gurus
faz com que a garota do caixa no
supermercado se pareça com a
Marilyn
com a Zsa Zsa
com a Jackie antes que levassem seu amante de Harvard
com a garota do ensino médio que sempre
seguíamos até em casa.

lá está a criatura que nos ajuda a acreditar
em alguma coisa além da morte:
alguém num carro que se aproxima
numa rua muito estreita,
e ele ou ela se afasta para que possamos
passar, ou se trate do velho lutador Beau Jack*
engraxando sapatos
após ter queimado todo o seu dinheiro
em festas
mulheres
parasitas,
bufando, respirando junto ao couro,
dando um trato com a flanela
os olhos erguidos para dizer:
"mas que diabos, por um momento
tive tudo. isso compensa todo o
resto."

às vezes sou amargo
mas no geral o sabor tem sido
doce. é apenas que tenho

---
* Peso leve americano. Duas vezes campeão mundial. (N.T.)

medo de dizê-lo. é como
quando sua mulher diz,
"fala que me ama", e
você não consegue.

se você me vir sorridente
em meu Fusca azul
aproveitando o sinal amarelo
dirigindo firme em direção ao sol
estarei mergulhado nos
braços de uma
vida insana
pensando em trapezistas de circo
em anões com enormes charutos
num inverno na Rússia no início dos anos 40
em Chopin com seu saco de terra polaca
numa velha garçonete que me traz uma xícara
extra de café com um sorriso
nos lábios.
o melhor de você
me agrada mais do que pode imaginar.
os outros não importam
exceto pelo fato de que eles têm dedos e cabeças
e alguns deles olhos
e a maioria deles pernas
e todos eles
sonhos e pesadelos
e uma estrada a seguir.

a justiça está em toda parte e não descansa
e as metralhadoras e os coldres e
as cercas vão lhe dar prova
disso.

o humilde herdou

se eu sofro assim diante dessa
máquina de escrever
pense em como eu me sentiria
entre os colhedores
de alface em Salinas?

penso nos homens
que conheci nas
fábricas
sem qualquer chance de
escapar –
sufocados enquanto vivem
sufocados enquanto riem
de Bob Hope ou Lucille
Ball enquanto
2 ou 3 crianças jogam
bolas de tênis contra
as paredes.

alguns suicídios jamais são
registrados.

quem, diabos, é Tom Jones?

por duas semanas
estive dormindo com uma
garota de 24 anos de
Nova York – na época
em que ocorria a greve dos
lixeiros, e certa noite
minha antiga mulher de 34 anos
chegou e disse, "quero ver
minha rival". foi o que ela fez
e então disse, "ó, você
é a coisinha mais querida!"
depois disso reparei que houve uma
gritaria de gatas selvagens –
urros e unhadas,
lamentos de animal ferido,
sangue e mijo...

eu estava bêbado e só de
calção. tentei
separar as duas e caí,
torcendo o joelho. então
atravessaram a porta e
avançaram rua
afora.

chegaram viaturas cheias
de policiais. um helicóptero da
polícia sobrevoou o local.

fiquei no banheiro
e sorri para o espelho.
não é comum que coisas
tão esplêndidas assim
aconteçam aos 55 anos.
muito melhor do que os
distúrbios em Watts.

a de 34 retornou
para dentro. estava toda
mijada e sua roupa
transformada em farrapos e era
seguida por dois policiais que
queriam saber a razão daquilo tudo.

erguendo meus calções
eu tentava explicar.

e um cavalo de olhos azul-esverdeados caminha no sol

o que se vê é o que se vê:
hospícios raramente
são exibidos.

que ainda andemos por aí
e nos cocemos e acendamos
cigarros

é mais milagroso
do que os banhos das beldades
do que as rosas e a mariposa.

sentar num quartinho
e beber uma lata de cerveja
e enrolar um cigarro
ouvindo Brahms
num pequeno rádio vermelho

é ter voltado
de uma dúzia de guerras
com vida

ouvindo o som
da geladeira

enquanto enforcam o papa
e as beldades banhadas apodrecem

e as laranjas e maçãs
se vão rolando.

quitação

16 anos de idade
durante a depressão
cheguei em casa bêbado
e todas as minhas roupas –
calções, camisas, meias –
pastas, e páginas de
contos
tinham sido jogadas fora
sobre o gramado da frente e na
rua.

minha mãe estava me
esperando atrás de uma árvore:
"Henry, Henry, não
entre... ele vai
matar você, leu
suas histórias..."

"posso chutar a
bunda dele..."

"Henry, pegue isso
por favor... e
procure um quarto para você."

mas o que o preocupava era
que eu talvez não
terminasse o colegial

então eu voltaria
outra vez.

uma noite ele entrou
com as páginas de
um dos meus contos
(que eu nunca submeti a ele)
e disse, "este é
um grande conto".
eu disse, "ok"
e ele me alcançou
e eu li.
era uma história sobre
um homem rico
que teve uma briga com
sua esposa e se
foi pela noite
atrás de uma xícara de café
e ficou observando
a garçonete e as colheres
e garfos e o
sal e o pimenteiro
e o letreiro de néon
na janela
foi então que voltou
para seu estábulo
para ver e tocar seu
cavalo favorito
que
deu-lhe um coice na cabeça
e o matou.

de alguma maneira
a história em suas mãos

tinha um significado para ele
apesar
de que quando a escrevi
não tinha nenhuma ideia
a respeito do que
tratava.

então eu lhe disse,
"ok, velho, você pode
ficar com ela".

e ele a pegou
e caiu fora
e fechou a porta.
acho que foi
o mais próximo
que jamais estivemos.

o fim de um breve caso

tentei fazer o negócio de pé
dessa vez.
normalmente não costuma
funcionar.
dessa vez parecia
que...
ela seguia dizendo
"ó, meu Deus, você tem
pernas lindas!"
tudo estava bem
até que ela tirou os
pés do chão
e enroscou suas pernas
em volta dos meus quadris.

"ó, meu Deus, você tem
pernas lindas!"

ela pesava cerca de 63
quilos e ficou ali presa enquanto eu
trabalhava.

foi só quando cheguei ao clímax
que senti a dor
correr espinha
acima.

deitei-a no sofá
e caminhei ao redor
da sala.
a dor continuava.

"olha só", eu lhe disse,
"é melhor você ir. tenho
que revelar uns filmes
na minha câmara escura."

ela se vestiu e se foi
e eu segui até a
cozinha para um copo
d'água. peguei um copo cheio
com a mão esquerda.
a dor correu por trás de minhas
orelhas e
deixei cair o copo
que se espatifou no chão.

entrei numa banheira cheia de
água quente e sais Epsom.
recém tinha acabado de me esticar
quando o telefone tocou.
ao tentar endireitar
minhas costas
a dor se estendeu por
pescoço e braços.
caí pesadamente
me agarrei às bordas da banheira
consegui sair
com raios verdes e amarelos
e luzes vermelhas
lampejando em minha cabeça.

o telefone continuava tocando.
atendi.
"alô?"
"EU TE AMO!", ela disse.
"obrigado", eu disse.
"é tudo o que você tem
pra me dizer?"
"sim."
"vá à merda!" ela disse e
desligou.

o amor se esgota, pensei
ao caminhar de volta ao
banheiro, mais rápido
do que um jato de esperma.

cometi um erro

me estiquei até a última prateleira do armário
e puxei de lá uma calcinha azul
e mostrei a ela e
perguntei "é sua?"

e ela olhou e disse,
"não, deve ser da cadela".

depois disso ela se foi e não a vi
desde então. não está na sua casa.
continuo passando por lá, enfiando bilhetes
debaixo da porta. volto ali e os bilhetes
continuam intocados. arranco a cruz de Malta
do retrovisor do meu carro e a amarro
com um cadarço à sua maçaneta, deixo
um livro de poemas.
ao retornar na noite seguinte tudo
continua ali.

continuo rondando as ruas em busca
daquele encouraçado cor de vinho que ela dirige
com uma bateria fraca, e as portas
pendendo das dobradiças estropiadas.

circulo pelas ruas
a um passo de chorar,
envergonhado de meu sentimentalismo e
possível amor.

um homem velho e confuso dirigindo na chuva perguntando-se onde a boa sorte foi parar.

$$$$$

sempre tive problemas com
dinheiro.
num dos lugares em que trabalhei
todos comiam cachorro-quente
e batatas fritas
na cantina da empresa
3 dias antes de cada
pagamento.
eu queria uns bifes,
cheguei inclusive a procurar o gerente
da cantina e
exigir que ele servisse
uns bifes. ele se recusou.

eu esqueci do dia do pagamento.
eu tinha um alto grau de indiferença e
o dia do pagamento chegava e todos
não falavam em outra
coisa.
"pagamento?" eu dizia, "diabo, hoje é dia de
receber? me esqueci de pegar meu
último cheque..."

"pare de falar merda, cara..."

"não, não, é sério..."
eu me erguia e ia até o caixa
e claro que o cheque estava lá

e na volta eu o mostrava
a todos eles. "Jesus Cristo, esqueci completamente
do negócio..."

por alguma razão isso os deixava
furiosos. então o funcionário do caixa
aparecia. eu tinha dois
cheques. "Jesus", eu dizia, "dois cheques".
e eles ficavam
furiosos.
alguns deles mantinham
dois empregos.

no pior dos dias
chovia pesadamente
eu não tinha uma capa de chuva então
vesti um velho casaco que eu não usava havia
meses e
cheguei um pouco atrasado
quando eles já estavam no batente.
procurei por cigarros nos bolsos
e num deles encontrei uma nota de
5 dólares:
"ei, vejam", eu disse, "acabo de encontrar 5 pratas
que eu não sabia que tinha, que
beleza".

"ei, cara, não venha com essa
merda!"

"não, não, estou falando *sério*, de verdade, lembro
de ter vestido este casaco quando
estava bêbado e vagando de bar
em bar. já me tomaram dinheiro muitas vezes,

fiquei desconfiado... tiro o dinheiro da
minha carteira e o escondo em
outras partes."

"sente de uma vez e comece a
trabalhar."

meti a mão num bolso interno:
"ei, vejam, tem um VINTÃO aqui! Deus, não sabia
que tinha este VINTÃO!
estou
RICO!"

"ninguém está achando graça, seu
filho da puta..."

"ei, meu Deus, aqui tem mais OUTRA
de vinte! é muita, muita muita
grana... eu *sabia* que não tinha gasto todo o
dinheiro naquela noite. pensei que tinham me
levado os cobres outra vez..."

continuei vasculhando o
casaco. "ei, aqui tem uma de dez e
aqui mais um cinquinho! meu Deus..."

"escute, já disse pra você sentar
e calar a boca..."

"meu Deus, estou RICO... não preciso nem mais
deste emprego..."

"cara, senta *aí*..."

achei mais outra de dez depois que me sentei
mas não disse
nada.
podia sentir as ondas de ódio e
estava confuso,
eles achavam que eu tinha
armado toda aquela história
apenas para fazê-los se
sentirem mal. não era o que eu
queria. pessoas que têm que passar a cachorros-quentes e
batatas fritas por
3 dias antes de sair o pagamento
já se sentem mal o
suficiente.

sentei-me
inclinei-me para a frente e
comecei a
trabalhar.

do lado de fora
continuava
chovendo.

metamorfose

uma namorada entrou
construiu pra mim uma cama
esfregou e encerou o chão da cozinha
esfregou as paredes
passou aspirador
limpou a privada
a banheira
esfregou o chão do banheiro
e cortou minhas unhas dos pés e
meu cabelo.

então
tudo no mesmo dia
o encanador veio e consertou a torneira da cozinha
e o banheiro
e o cara do gás consertou o aquecedor
e o cara do telefone consertou o telefone.
agora estou sentado aqui em toda essa perfeição.
está quieto.
terminei com todas as minhas 3 namoradas.

eu me sentia melhor quando estava tudo
bagunçado.
vou demorar alguns meses pra voltar ao
normal:
não consigo sequer achar uma barata para conversar.

perdi meu ritmo.
não consigo dormir.
não consigo comer.

roubaram
minha imundície.

precisamos nos comunicar

"ele era um homem muito sensível", ela me disse, "e depois
de terminar com Andrea deixava a calcinha dela embaixo do
travesseiro e toda noite a beijava e chorava.
olha você! olha essa expressão na sua cara!
você não gosta do que acabei de dizer e quer
saber por quê?
é porque você tem *medo*; é preciso ser homem pra admitir
sentimentos.
eu noto você olhando mulheres entrando e saindo de
carros, torcendo que as saias subam pra poder
ver as pernas.
você parece um garotinho, um tarado!
e *pior* que isso, você só gosta de *pensar* sobre
sexo, na verdade não quer *fazer,* é só
trabalho pra você, você prefere olhar e imaginar.
você nem gosta de chupar meus seios!
e não gosta de ver mulher fazendo coisas no
banheiro!
tem algo de *errado* nas funções corporais?
você não tem funções corporais?
Jesus, Cristo, minhas irmãs me avisaram
me contaram como você era!
eu não acreditei, que diabo, você *parecia* um
homem!
todos os seus livros, milhares de poemas, e você sabe o
quê?
você tem medo de olhar a buceta de uma mulher!
só sabe *beber*!
você acha que é preciso ter alguma fibra pra beber?

olha aqui, te dei 5 anos da minha vida e você faz o
quê?: você sequer *discute* as coisas comigo!
você sabe ser cativante quando damos uma festa, isto é,
se estiver no clima
você consegue falar suas merdas
mas olha você agora, nem um pio, você só
fica aí nessa cadeira e enche o copo sem
parar!
bem, pra mim chega, vou arranjar pra mim alguém
real, alguém que possa discutir as coisas comigo,
alguém que possa dizer, 'bem, Paula, ouça, eu entendo
que estamos tendo alguns problemas e talvez
conversando a respeito possamos nos entender melhor e
fazer as coisas funcionarem'.
não *você*! *olha* você! por que você não diz algo?
claro: VIRA O COPO! é só o que sabe fazer!
me diga, o que há de errado com a buceta de uma mulher?
minha mãe largou meu pai porque ele era como você,
só sabia beber e apostar nos cavalos!
bem, ele quase enlouqueceu quando ela o largou.
ele implorou e implorou e implorou que ela
voltasse, até fingiu que estava morrendo de câncer só
pra conseguir que ela o visitasse.
não conseguiu enganá-la – ela tratou de arranjar um homem
decente, está com ele agora, você o conheceu: Lance. mas não,
você não *gosta* do Lance, certo?
ele usa gravata e vende imóveis...
bem, ele também não gosta de você. mas mamãe o adora.
e o que *você* sabe sobre o amor?
é um palavrão pra você! *amar*. você nem mesmo 'gosta'!
você não gosta do seu país, não gosta de filmes, não
gosta de dançar, não gosta de dirigir em autoestradas,
não gosta de crianças, não *olha* pras pessoas,

só o que você faz é sentar numa cadeira e beber e bolar esquemas
pra ganhar nos cavalos e se existe uma coisa mais chata e
mais idiota do que cavalos, eu gostaria de saber, você me
diga!
você só sabe acordar passando mal todo dia de manhã,
só consegue sair da cama depois do meio-dia; você bebe uísque,
você bebe scotch, você bebe cerveja, você bebe vinho, você
bebe vodca, você bebe gim, e qual é o sentido?
sua saúde só piora, seu polegar esquerdo está
morto, seu fígado está ferrado, você tem pressão alta,
hemorroidas, úlceras e sabe Deus o que mais,
e quando eu tento conversar com você, você não aguenta
e foge pra sua casa e tira o telefone do
gancho e põe pra tocar os seus discos sinfônicos e bebe
até dormir, e aí acorda mal meio-dia
e liga e diz que está morrendo e que sente
muito e quer me ver, e aí eu chego
e você está tão *arrependido* que nem parece humano –
ah, você saber ser *cativante* quando está mal e com problemas,
sabe ser engraçado, sabe me fazer rir, me conquista de volta
mil vezes...
mas olha você *agora*! tudo que você quer é mais um copo e
depois
mais um copo e você não fala comigo, só fica
acendendo cigarros e olhando em volta no quarto...
você não *quer* fazer um esforço pra melhorar o nosso relacionamento?
me diga, por que você tem medo da buceta de uma mulher?"

o segredo da minha resistência

ainda recebo cartas pelo correio, quase sempre de homens
despedaçados em quartos minúsculos trabalhando em fábricas ou sem trabalho e
morando com putas ou sem mulher alguma, só
bebida e loucura.
quase todas são escritas em papel pautado
com lápis mal apontado
ou em tinta
numa caligrafia inclinada à
esquerda
e o papel costuma ser rasgado
geralmente pela metade
e eles dizem que gostam do meu trabalho,
que eu escrevi direto da fonte, e
reconhecem isso. de fato, eu lhes dei uma segunda
chance, certo reconhecimento de onde estão.

é verdade, eu estive lá, pior do que a maioria
deles.
mas será que se dão conta de onde suas cartas
chegam?
bem, são depositadas numa caixa
por trás de uma cerca viva de um metro e oitenta com longa
entrada
para uma garagem de dois carros, jardim de rosas, árvores
frutíferas,
animais, uma linda mulher, metade da hipoteca praticamente
paga depois de um ano, um carro novo,
lareira e um tapete verde com cinco centímetros de altura

com um garoto que escreve as minhas coisas agora
que eu mantenho numa gaiola de três metros com uma
máquina de escrever, alimento com uísque e putas cruas,
dou boas surras de cinto nele três ou quatro vezes
por semana.
estou com 59 anos agora e os críticos dizem
que o meu trabalho está cada vez melhor.

Carson McCullers

ela morreu de alcoolismo
embrulhada no cobertor
de uma espreguiçadeira
num navio
transoceânico

todos os seus livros de
solidão aterrorizada

todos os seus livros sobre
a crueldade
do amante sem amor

foram tudo o que restou
dela

enquanto um turista passava
descobria seu corpo

avisava o capitão

e ela era despachada
para outro lugar
do navio

enquanto tudo o mais
continuava
do jeito
que ela escrevera.

faíscas

a fábrica perto da Santa Fe Ave. foi a melhor.
colocávamos luminárias pesadas em
caixas compridas
então as montávamos em pilhas
de seis.
então os carregadores
chegavam
limpavam a mesa e
você montava as seis seguintes.

dez horas por dia
quatro no sábado
o pagamento era sindical
bem razoável para trabalho não qualificado
e se você não chegava
com músculos
logo você os ganhava

na maioria usávamos
camisetas brancas e jeans
cigarros pendentes
bebendo cerveja escondido
chefes fazendo
que não viam

não muitos brancos
os brancos não duravam:
péssimos trabalhadores

principalmente mexicanos e
negros
frios e maus

vez por outra
brilhava uma lâmina
ou alguém
apanhava

chefes fazendo
que não viam

os poucos brancos que duravam
eram loucos

o trabalho andava
e as garotas mexicanas
nos mantinham
alegres e esperançosos
seus olhos lançando
pequenas mensagens
da
linha de montagem.

eu fui um dos
brancos loucos
que duraram
fui um bom trabalhador
só pelo ritmo da coisa
só pelo diabo da coisa

e depois de dez horas
de trabalho pesado
depois de trocar insultos

e sobreviver às escaramuças
com quem não tinha frieza suficiente para
aguentar
nós saíamos
ainda bem-dispostos

entrávamos em nossos velhos
automóveis para
ir para nossas casas
beber metade da noite
brigar com nossas mulheres

para voltar na manhã seguinte
bater ponto
sabendo que éramos
otários
deixando os ricos
mais ricos

gingávamos
em nossas camisetas brancas e
jeans
passando pelas
garotas mexicanas

nós éramos maus e perfeitos
pra ser o que éramos

de ressaca
conseguíamos
tranquilamente
fazer o trabalho

mas
aquilo não nos tocava
jamais

aquelas paredes de latão

o som das furadeiras e
lâminas de corte

as faíscas

formávamos um belo bando
naquele balé da morte

nós éramos magníficos

dávamos a eles
mais do que nos pediam

mas

não demos a eles
nada.

a história de um
filho da mãe durão

ele apareceu na porta certa noite molhado ossudo espancado
e aterrorizado.
um gato branco vesgo sem rabo
acolhi o gato e o alimentei e ele permaneceu
pegou confiança até que um amigo chegou de carro na frente
de casa
e o atropelou
levei o que restou para um veterinário que disse, "sem muita
chance... dê pra ele estas pílulas e espere... a espinha dorsal
foi esmagada, já foi esmagada uma vez antes mas de algum
modo
soldou, se sobreviver nunca mais vai andar, olhe só
estes raios X, ele já levou tiro, olhe aqui, os chumbos
ainda estão nele... além disso, um dia ele teve rabo, alguém
cortou fora..."

eu trouxe o gato para casa, era um verão quente, um dos
verões mais quentes em décadas, coloquei-o no chão do
banheiro, dei-lhe água e pílulas, ele não queria comer, ele
não queria nem saber de beber, mergulhei meu dedo na água
e umedeci sua boca e conversei com ele, não saí do lado
dele, passei um tempão na banheira e conversava com
ele e o tocava com brandura e ele só me devolvia o olhar
com aqueles olhos vesgos azul-claros conforme passavam os
dias ele fez seu primeiro movimento
arrastando-se à frente com as pernas dianteiras
(as de trás não se mexiam)

conseguiu chegar à caixa de areia
subiu e entrou rastejando,
foi como as trombetas da chance, da possível vitória,
soando no banheiro e ecoando pela cidade, eu
me identifiquei com o gato – passei por maus bocados, não
bocados
desse tipo, mas maus o bastante...

certa manhã ele se levantou, ficou de pé, caiu deitado e
só ficou olhando pra mim.

"você consegue, cara", eu disse pra ele, "você é dos bons..."

ele continuou tentando, levantando e caindo, por fim
chegou a dar alguns passos, era como um bêbado trançando
as pernas, as
traseiras simplesmente se recusavam a obedecer e ele caiu de
novo, descansou,
então levantou...

você sabe o resto: agora ele está melhor do que nunca, vesgo,
quase desdentado, a graça voltou por completo, e aquela expressão
nos olhos esteve sempre ali...

e agora às vezes sou entrevistado, querem que eu fale sobre
vida e literatura e eu fico bêbado e seguro no alto meu gato
vesgo baleado atropelado desrabado diante deles e digo,
"vejam, vejam *isto!*"

mas eles não entendem, dizem algo tipo, "você
afirma ter sido influenciado por Céline..."

"não", eu seguro o gato no alto diante deles, "por aquilo que acontece, por
coisas como isto, por isto, por *isto!*..."

eu sacudo o gato, com as mãos por baixo das pernas dianteiras na
luz esfumaçada e bêbada; ele está relaxado, sabe das coisas...

é meio por essa altura que quase todas as entrevistas terminam.

se bem que fico muito orgulhoso às vezes quando vejo as entrevistas
depois e lá estou eu e lá está o gato e aparecemos fotografados juntos...

ele também sabe que é papo furado mas ajuda a pagar pela ração, certo?

sem dúvida

há coisas piores do que
ficar sozinho
mas perceber isso
costuma levar décadas
e quase sempre
quando você percebe
é tarde demais
e não há nada pior
do que
tarde demais.

aposentadoria

costeletas de porco, dizia o meu pai, eu adoro
costeletas de porco!

e eu o via enfiar a gordura
na boca.

panquecas, ele dizia, panquecas com
calda, manteiga e bacon!

eu via seus lábios encharcados com
tudo aquilo.

café, ele dizia, eu gosto de café bem quente,
queimando a garganta!

às vezes estava tão quente que ele cuspia o café
na mesa toda.

purê de batatas com molho, ele dizia, eu
adoro purê de batatas com molho!

ele abocanhava aquilo, suas bochechas inchadas
como se tivesse caxumba.

feijão com chili, ele dizia, eu adoro feijão com
chili!

e engolia tudo e peidava por horas
bem alto, sorrindo após cada peido.

bolinho de morango, ele dizia, com sorvete
de baunilha, é assim que se termina uma refeição!
ele sempre falava sobre aposentadoria, sobre
o que faria quando se
aposentasse.
quando não estava falando sobre comida ele falava
sem parar sobre
aposentadoria.

ele não chegou à aposentadoria, ele morreu certo dia
de pé junto à pia
enchendo um copo de água.
esticou o corpo como se tivesse levado
um tiro.
o copo caiu de sua mão
e ele tombou para trás
pousando na horizontal
sua gravata escorregando pela
esquerda.

depois
as pessoas disseram que não conseguiam
acreditar.
ele parecia
ótimo.
distintas suíças
brancas, maço de cigarro no
bolso da camisa, sempre soltando
piadas, talvez um pouco
espalhafatoso e talvez com certo mau
humor
mas no geral

um indivíduo aparentemente
sadio

jamais perdendo um dia
de trabalho.

sorte

certa vez
fomos jovens
nesta
máquina...
bebendo
fumando
escrevendo

foi o tempo
mais
esplêndido e
miraculoso

ainda
é

só que agora
em vez de
nos movermos em direção ao
tempo
ele
se move em direção a
nós

faz com que cada palavra
perfure
a superfície do
papel

clara

rápida

dura

preenchendo um espaço que se fecha.

se você quer justiça, pegue a faca

sem dúvida estamos sozinhos
para sempre sozinhos
e fomos
feitos pra isso,
não era pra ser
de nenhum outro jeito –
não quero ninguém abanando uma folhagem
na minha bunda
em noites quentes de verão –
prefiro passar
calor,
e quando a hora da morte
chegar
a última coisa que eu quero ver
é
um círculo de rostos humanos
à minha volta –
prefiro minhas velhas amigas,
as paredes,
se estiverem lá.

vivi sozinho, mas raras vezes
solitário.
bebi do poço de
mim mesmo
e o gosto era bom,
o melhor que já senti,
e nesta noite
sentado

contemplando a escuridão,
eu conheço a escuridão e a
luz e o que há
entre as duas.

e apesar de ver
semelhança entre a maioria dos
estercos e a maioria das
pessoas
fiquei quase contente
com
as oferendas.

a sorte da bondade
chega
quando aceitamos o
indesejado:
nascer neste
apuro –
a aposta desperdiçada de nossa
alegria,
o prazer de
partir –

não chore por mim
mas pelas lágrimas

não sofra por mim
mas pelo sofrimento

leia
o que escrevi
depois
esqueça:

a memória é uma
armadilha: olhe as paredes
e comece
de novo.

encurralado

bem, disseram que acabaria
assim: velho. talento esgotado. sem encontrar a
palavra

ouvindo os passos
escuros, eu me viro
olho para trás...

ainda não, cão velho...
muito em breve.

agora
eles se reúnem falando de
mim: "sim, aconteceu, ele
já era... é
triste..."

"ele nunca foi grande coisa,
foi?"

"bem, não, mas agora..."

agora
eles estão comemorando a minha queda
em tabernas que já não
frequento.

agora
eu bebo sozinho
nesta máquina
defeituosa

enquanto as sombras assumem
formas
eu luto na lenta
retirada

agora
minha promessa de outrora
definhando
definhando

agora
acendendo novos cigarros
servindo mais
bebidas

foi uma belíssima
luta

ainda
é.

como está o seu coração?

durante os meus piores momentos
nos bancos de praça
nas cadeias
ou morando com
putas
sempre senti certo
contentamento –
eu não chamaria de
felicidade –
era mais um equilíbrio
íntimo
que se acomodava com
qualquer coisa que estivesse ocorrendo
e isso ajudou nas
fábricas
e quando relacionamentos
davam errado
com as
garotas.

ajudou
ao longo das
guerras e das
ressacas
das lutas nos becos
dos hospitais.

despertar num quarto barato
numa cidade estranha e
levantar a cortina –
esse era o tipo mais louco de
contentamento
e atravessar o piso
até uma velha cômoda com um
espelho rachado –
ver meu reflexo, feio,
sorrindo perante tudo.

o mais importante é
você saber
caminhar através do
fogo.

o incêndio do sonho

a velha Biblioteca Pública de L.A. pegou
fogo
aquela biblioteca do centro
e com ela se foi
uma grande parte da minha
juventude.

estava sentado num daqueles bancos de
pedra com meu amigo
Carequinha quando ele
perguntou:
"você vai se alistar na
brigada
Abraham Lincoln?"

"claro", eu lhe
disse.

mas percebendo que eu não era nem
um intelectual nem um político
idealista
recuei na questão
mais tarde.

eu era um *leitor*
então
indo de seção em
seção: literatura, filosofia,

religião, até medicina
e geologia.

desde cedo
decidira ser um escritor
pensei que esse seria o caminho mais fácil
para
escapar
e os grandes figurões do romance não me
pareciam
páreo muito
duro.
eu tinha maiores dificuldades com
Hegel e Kant.

o que me incomodava
em
todos eles
é que levavam um tempo enorme
para finalmente dizer
alguma coisa vivaz e/
ou
interessante.
pensava então ter algo a dizer
mais do que todos
eles.

eu estava para descobri duas
coisas:
a) a maioria dos editores pensava que tudo que
fosse chato tinha algo a ver com assuntos
profundos.
b) que levaria décadas de
vida e escrita

até que eu fosse capaz de
colocar no papel
uma frase que fosse
ao menos próxima
daquilo que eu realmente queria
dizer.

enquanto isso
enquanto outros jovens corriam atrás de
mulheres
eu corria atrás dos velhos
livros.
eu era um bibliófilo, quem sabe um
sujeito
desencantado
e isso
e o mundo
me moldaram.

a velha biblioteca do centro *era*
o lugar para eu estar,
porém –
pelo menos de dia:
de ressaca e
malnutrido

eu vivia numa cabana de madeira
atrás de uma pensão
a $3,50 por
semana
sentindo-me como um
Chatterton
enfiado dentro de algo de
Thomas Wolfe.

meus maiores problemas eram
selos, envelopes, papéis
e
vinho,
com o mundo à beira
da Segunda Guerra Mundial.
eu ainda não tinha sido
desconcertado pelas
mulheres, eu era virgem
e escrevia de 3 a
5 contos por semana
e todos eram
rejeitados
por *The New Yorker, Harper's,
The Atlantic Monthly.*
eu tinha lido em algum lugar que
Ford Madox Ford costumava usar
como papel higiênico os pareceres
dos trabalhos rejeitados
mas eu não tinha
um banheiro de modo que os enfiava
numa gaveta
e quando não havia mais espaço nenhum
e eu mal conseguia
abri-la
eu retirava todos os pareceres
e os jogava fora
junto com os
contos.

enquanto isso
a velha Biblioteca Pública de L.A. seguia sendo
minha casa

e a casa de muitos outros
vagabundos.
discretamente usávamos os
banheiros e limpávamos
os buracos dos nossos barris
cuidadosamente
e os únicos entre nós que deviam
ser
evitados eram aqueles que
pegavam no sono nas mesas da
biblioteca –
ninguém ronca como um
vagabundo
exceto alguém que é casado
com você.

bem, eu não era *propriamente* um
vagabundo. *eu* tinha um cartão da biblioteca
e eu ia e voltava com os livros
uma
enorme
quantidade deles
sempre levando o máximo
limite
permitido:
Aldous Huxley, D.H. Lawrence,
e.e. cummings, Conrad Aiken, Fiódor
Dos, Dos Passos, Turguêniev, Górki,
H.D., Freddie Nietzsche, Art
Schopenhauer, Robert
Green,
Ingersoll, Steinbeck,
Hemingway,

e assim por
diante...

sempre esperava que a bibliotecária
dissesse: "você tem um gosto e tanto, meu
jovem..."
mas a puta velha e acabada
não sabia nem quem ela
era
o que dirá de
mim.

mas aquelas estantes eram
tremendamente encantadoras: permitiam-me
descobrir
os primeiros poetas chineses
como Du Fu e Li
Bai
que podiam dizer mais em uma
linha do que a maioria em
trinta ou
cem.
Sherwood Anderson deve
tê-los
lido
também.

eu também levava os *Cantos*
pra lá e pra cá
e Ezra me ajudou
a fortalecer meus braços, se não
meu cérebro.

aquele lugar fantástico
a Biblioteca Pública de L.A.
era um lar para uma pessoa que tinha tido
um lar dos
infernos

CÓRREGOS AMPLOS DEMAIS PARA SALTAR
LONGE DESSE INSENSATO MUNDO
CONTRAPONTO
O CORAÇÃO É UM CAÇADOR SOLITÁRIO

James Thurber
John Fante
Rabelais
Maupassant

alguns não funcionavam para
mim: Shakespeare, G.B. Shaw,
Tolstói, Robert Frost, F. Scott
Fitzgerald

Upton Sinclair funcionava melhor para
mim
que Sinclair Lewis
e eu considerava Gogol e
Dreiser completos
idiotas

mas tais juízos são produto
mais da maneira
como um homem é forçado a viver do que de
sua
razão.

a velha Biblioteca Pública de L.A.
é bem provável que tenha evitado que eu me
tornasse um
suicida
um ladrão
de bancos
um
espancador
de mulheres
um carniceiro ou um
policial motorizado
e ainda que algumas dessas possibilidades
não sejam más
foi
graças
à minha sorte
e meu destino
que aquela biblioteca estava
lá quando eu era
jovem e procurava me
agarrar a
alguma coisa
quando parecia não haver quase
nada ao meu
redor.

e quando eu abri o
jornal
e soube do incêndio
que havia
destruído a
biblioteca e boa parte de
seu interior

eu disse à minha
mulher: "eu costumava passar
meu tempo
lá..."

O OFICIAL PRUSSIANO
O JOVEM AUDAZ NO TRAPÉZIO VOADOR
TER E NÃO TER

VOCÊ NÃO PODE RETORNAR PARA CASA.

o inferno é um lugar solitário

ele tinha 65, sua esposa 66, e ela
sofria de Alzheimer.

ele tinha câncer de
boca.
houve
operações
radioterapia
que afetaram os ossos de seu
maxilar
que tiveram de ser atados
por fios.

diariamente ele colocava
fraldas geriátricas na esposa
como num
bebê.

incapaz de dirigir em seu
estado de saúde
ele tinha de pegar um táxi
até o centro
médico,
tinha dificuldade em falar,
tinha de
anotar o
endereço.

em sua última visita
eles o informaram de que
haveria uma nova
operação: um pouco mais da
face
esquerda e um pouco mais da
língua.

ao retornar
trocou as fraldas da
mulher
colocou comida pronta
no forno, viu as
notícias da noite
então seguiu até o
quarto, pegou o
revólver, encostou contra a têmpora
dela, disparou.

ela caiu para a
esquerda, ele se sentou no
sofá
pôs o cano dentro da
boca, puxou o
gatilho.
os disparos não alertaram
a vizinhança.

mais tarde
o cheiro de queimado da comida
sim.

alguém chegou, escancarou
a porta, viu
tudo.

logo
a polícia chegou e
começou a seguir o
procedimento, encontrou
alguns itens:

uma conta de poupança
encerrada e
um extrato com o
saldo de
$1,14

suicídio,
deduziram.

em três semanas
havia dois
novos inquilinos:
um engenheiro de computação
chamado
Ross
e sua esposa
Anatana
que estudava
balé.

eles pareciam outro
par altamente
dinâmico.

o mais forte dos estranhos

você não os verá com frequência
porque onde quer que a multidão esteja
eles
não estão.

estes estranhos, não
muitos
mas do meio deles
vêm
as poucas
boas telas
as poucas
boas sinfonias
os poucos
bons livros
e as outras
obras.

e do meio dos
melhores
entre os estranhos
talvez
nada.

eles são
suas próprias
telas
seus próprios
livros

sua própria
música
suas próprias
obras.

às vezes acho
que posso
vê-los – vamos dizer
um certo
velho
sentado num
certo banco
de uma certa
maneira

ou
o vislumbre de uma face
que se volta em outra
direção
em um automóvel
que passe

ou
em um certo mover
de mãos
de um empacotador ou empacotadora
enquanto guarda
as compras
do supermercado.

às vezes
é alguém mesmo
com quem você tem
vivido por

algum
tempo –
você notará
um
rápido e luminoso
lampejo
nunca visto
neles
anteriormente.

às vezes
você só notará
suas
existências
subitamente
em
vívida
recordação
alguns meses
alguns anos
depois que eles tiverem
partido.

lembro
de um
deles –
ele tinha cerca de
20 anos
bêbado às
10 da manhã
olhando para
um espelho
quebrado em
Nova Orleans

o rosto sonhador
contra as
paredes
do mundo

para
onde eu
fui?

contagem de 8

da minha cama
observo
3 pássaros
num fio
de telefone.

um sai
voando.
depois
outro.

um ficou,
depois
também
se vai.

minha máquina de escrever
está imóvel feito
lápide.

e só me
resta observar
pássaros.

só pra
você
saber,
babaca.

não temos grana, querida, mas temos chuva

chamem de efeito estufa ou coisa parecida
mas simplesmente não chove mais como
antigamente.

tenho vívida lembrança das chuvas da
era da depressão.
não havia um pingo de grana, mas havia
chuva de sobra.

não chovia só por uma noite ou
um dia,
CHOVIA por 7 dias e 7
noites
e em Los Angeles os bueiros
não eram feitos pra escoar tanta
água
e a chuva caía GROSSA e
MÁ e
CONSTANTE
e você OUVIA o estrondo nos
telhados e no chão
cachoeiras desciam
dos telhados
e havia com frequência GRANIZO
grandes PEDRAS DE GELO
bombardeando
explodindo

espatifando-se nas coisas
e a chuva
simplesmente não
PARAVA
e não havia telhado sem goteira –
bacias
panelas
espalhadas por toda parte;
os pingos eram ruidosos
e elas eram esvaziadas
vezes sem
fim

a chuva cobria os meios-fios,
cruzava os gramados, subia os degraus e
entrava nas casas.
havia esfregões e toalhas de banho,
e a chuva subia, com frequência, pelas
privadas: borbulhante, marrom, louca, girando,
e os carros velhos ficavam nas ruas,
carros que já mal funcionavam num
dia de sol,
e os homens desempregados ficavam
olhando pelas janelas
as máquinas velhas morrendo
feito coisas vivas
lá fora.

os homens desempregados,
fracassos num tempo fracassado,
viravam prisioneiros em suas casas com
esposas e filhos
e animais
de estimação.

os bichos se recusavam a sair
e deixavam seus dejetos em
lugares estranhos.

os homens desempregados enlouqueciam
confinados com
suas esposas outrora belas.
havia terríveis discussões
com avisos de despejo
surgindo na caixa de correio.
chuva e granizo, latas de feijão,
pão sem manteiga; ovos
fritos, ovos cozidos, ovos
poché; sanduíches de
manteiga de amendoim, e uma galinha
invisível
em cada panela.

meu pai, nem de longe um
homem bom, batia em minha mãe
quando chovia
enquanto eu me lançava
entre os dois,
as pernas, os joelhos, os
gritos
até que se
separassem.

"*Vou te matar*", eu gritava
pra ele. "*Bate nela de novo
que eu te mato!*"

"*Tira esse garoto
filho da puta daqui!*"

"não, Henry, você fica com
sua mãe!"

todas as famílias estavam
sitiadas, mas creio que a nossa
continha mais terror do que a
média.

e à noite
enquanto tentávamos dormir
as chuvas prosseguiam
e foi na cama
no escuro,
olhando a lua pela
janela escalavrada
tão bravamente
resistindo
à maior parte da chuva,
que eu pensei em Noé e na
Arca
e pensei, aconteceu
de novo.
todos pensávamos
isso.

e então, de súbito, ela
parava.
e sempre parecia
parar
por volta das 5 ou 6 da manhã,
baixava uma paz,
mas não o perfeito silêncio
porque as coisas continuavam a
pingar

pingar
pingar
e não havia poluição na época
e pelas 8 da manhã
vinha um
sol amarelo ardente,
amarelo Van Gogh –
louco, cegante!
e então
as calhas do telhado
aliviadas da força da
água
começavam a se dilatar no
calor:
BAM! BAM! BAM!

e todos levantavam
e olhavam pra fora
e lá estavam todos os gramados
ainda encharcados
mais verdes do que o verde jamais
será
e lá estavam os pássaros
no gramado
TRINANDO como loucos,
não tinham comido decentemente
por 7 dias e 7 noites
e não aguentavam mais
frutinhas
e
esperavam que as minhocas
viessem à tona,
minhocas semiafogadas.

os pássaros as
colhiam
e as engoliam com
pressa; havia
melros e pardais.
os melros tentavam
afugentar os pardais
mas os pardais,
enlouquecidos de fome,
menores e mais rápidos,
obtinham sua
parte.

os homens ficavam nas varandas
fumando cigarros,
sabendo agora
que teriam de
sair
para procurar o emprego
que provavelmente não
existia, fazer pegar o carro
que provavelmente não
pegaria.

e as esposas outrora
belas
ficavam nos banheiros
penteando os cabelos,
passando maquiagem,
tentando recompor as peças de
seu mundo,
tentando esquecer a
medonha tristeza que
as dominava,

pensando no que poderiam
fazer para o
café da manhã.

e pelo rádio
nos informaram
que a escola
reabrira.
e
logo
eu me vi
a caminho da escola,
poças imensas na
rua,
o sol como um novo
mundo,
meus pais lá naquela
casa,
cheguei à sala de aula
na hora certa.

a sra. Sorenson nos saudou
com "não teremos nosso
recreio normal, o pátio
está molhado demais".

"AH!", reagiram na maioria os
garotos.

"mas faremos
algo especial no
recreio", ela disse,
"e vai ser
divertido!"

bem, ficamos todos
tentando imaginar o que
seria
e a espera de duas horas
pareceu uma eternidade
enquanto a sra. Sorenson
tratou de
dar suas
lições.

eu olhava as
garotinhas, eram todas tao
bonitas e limpas e
atentas,
sentadas imóveis e
aprumadas
e seus cabelos eram
lindos
sob o sol da
Califórnia.

então soou o sinal do recreio
e todos esperamos pela
diversão.

então a sra. Sorenson nos
disse:
"pois bem, o que
faremos é contar
uns aos outros o que fizemos
durante o temporal!
começando pela fileira da
frente e fazendo a volta toda!
pois bem, Michael, você
primeiro!..."

bem, nós começamos a contar
nossas histórias, Michael começou
e a coisa prosseguiu,
e logo percebemos que
estávamos todos mentindo, não
exatamente mentindo mas em grande parte
mentindo e alguns dos garotos
começaram a dar risadinhas e algumas
garotas começaram a olhar
feio pra eles e
a sra. Sorenson falou,
"já chega, eu exijo um
mínimo de silêncio
aqui!
tenho interesse no que
vocês fizeram
durante o temporal
mesmo que vocês
não tenham!"

então tivemos de contar nossas
histórias e elas *eram*
histórias.

uma garota disse que
quando surgiu o primeiro
arco-íris
ela viu o rosto de Deus
no fim do arco-íris.
mas não falou
em qual fim.

um garoto disse que botou
sua vara de pescar
pra fora da janela
e pegou um
peixinho
e o deu pra seu gato
comer.

quase todo mundo contou
uma mentira.
a verdade era simplesmente
medonha e
constrangedora demais para
contar.

então soou o sinal
e o recreio
acabou.

"obrigada", disse a sra.
Sorenson, "isso foi muito
legal
e amanhã o pátio
estará seco
e poderemos
voltar a
usá-lo."

os garotos na maioria
deram vivas
e as garotinhas
ficaram muito aprumadas e
imóveis,

tão bonitas e
limpas e
atentas,
seus lindos cabelos
sob um sol que
o mundo talvez
jamais voltasse a
ver.

albergue

você não viveu
até ter estado num
albergue
com nada senão uma
lâmpada
e 56 homens
espremidos juntos
em catres
com todos
roncando
ao mesmo tempo
e alguns desses
roncos
tão
profundos e
nojentos e
inacreditáveis –
sombrios
ranhentos
nojentos
subumanos
resfôlegos
do próprio
inferno.

você quase
entra em surto
sob esse
som

e os
fedores
misturados:
meias
duras de tão sujas
cuecas
mijadas e
cagadas

e por cima disso tudo
um ar de lenta
circulação
muito semelhante à
emanação de uma
lixeira
sem
tampa.

e aqueles
corpos
no escuro

gordos e
magros
e
retorcidos

alguns
sem perna
sem braço

alguns
sem mente

e o pior de
tudo:
a total
ausência de
esperança

ela os
amortalha
e cobre
totalmente.

não
vale a
pena.

você se
levanta

sai

caminha pelas
ruas

subindo e
descendo pelas
calçadas

passa por prédios

dobra uma
esquina

e volta
pela

mesma
rua

pensando

esses homens
foram todos
crianças
um dia

o que
foi
que aconteceu
com eles?

e o que
foi
que aconteceu
comigo?

está escuro
e frio
aqui
fora.

o soldado, sua esposa e o vagabundo

eu era um vagabundo em São Francisco mas certa vez con-
segui
ver um concerto sinfônico com as pessoas
bem-vestidas
e a música era boa mas algo na
plateia não era
e algo na orquestra
e no regente não
era,
ainda que o prédio fosse ótimo e a
acústica perfeita
eu preferia ouvir música sozinho
no meu rádio
e na saída eu de fato voltei ao meu quarto e
liguei o rádio mas
aí começaram a bater na parede:
"DESLIGA ESSA PORCARIA!"

havia um soldado no quarto ao lado
morando com sua esposa
e logo ele partiria para me proteger
de Hitler então
desliguei o rádio e ouvi sua
esposa dizendo "você não devia ter feito isso".
e o soldado disse "É DE FODER ESSE CARA!"
e achei muito legal da parte dele
sugerir isso à esposa.

claro,
ela não me fodeu.

de todo modo, nunca mais frequentei concertos
e sempre ouvi o rádio bem
baixinho, ouvido colado no
alto-falante.

a guerra tem seu preço e milhões de jovens
mundo afora morreriam
e enquanto ouvia música clássica eu os
escutava fazendo amor, desesperados e
pesarosos, através de Shostakovich, Brahms,
Mozart, através de crescendo e clímax,
e através da compartilhada
parede da nossa
escuridão.

sem líderes

invente-se e então reinvente-se,
não nade no lodo.
invente-se e então reinvente-se,
fuja das garras da mediocridade e da
autocompaixão.

invente-se e então reinvente-se,
mude seu tom e sua forma de modo que nunca
consigam
encontrar você.

recarregue-se.
aceite a continuidade
mas apenas nos termos que você inventou
e reinventou.

seja autodidata.

invente a vida,
ela é você,
a história do passado e
a presença do presente.
não há nada mais,
nada.

dinosauria, nós

nascemos assim
nisso
enquanto as caras de giz sorriem
enquanto a sra. Morte ri
enquanto os elevadores quebram
enquanto paisagens políticas se dissolvem
enquanto o empacotador do supermercado tem diploma universitário
enquanto os peixes oleosos cospem suas presas oleosas
enquanto o sol é mascarado

nós
nascemos assim
nisso
nessas guerras cuidadosamente loucas
na visão das janelas quebradas das fábricas do vazio
em bares onde as pessoas não conversam mais
em brigas de soco que acabam em tiroteio e facadas

nascemos nisso
em hospitais tão caros que é mais barato morrer
em advogados tão extorsivos que é mais barato assumir culpa
num país de prisões cheias e hospícios fechados
num lugar onde as massas elevam tolos a heróis ricos

nascemos nisso
andando e vivendo no meio disso
morrendo por causa disso
calados por causa disso

castrados
depravados
deserdados
por causa disso
enganados por isso
explorados por isso
mijados por isso
enlouquecidos e adoecidos por isso
tornados violentos
desumanizados
por isso

o coração está enegrecido
os dedos procuram a garganta
a arma
a faca
a bomba
os dedos tentam alcançar um deus que não responde

os dedos procuram a garrafa
a pílula
o pó

nascemos nessa mortalidade pesarosa
nascemos num governo com dívida de 60 anos
que logo será incapaz de pagar até os juros dessa dívida
e os bancos vão queimar
o dinheiro será inútil
haverá assassinato solto e impune nas ruas
serão armas e turbas errantes
a terra será inútil
a comida vai virar uma restituição decrescente
o poder nuclear será tomado por muitos
explosões continuamente abalarão a terra

homens-robô radioativos perseguirão uns aos outros
os ricos e escolhidos verão tudo de plataformas espaciais
o Inferno de Dante vai parecer um parquinho infantil

o sol não será visto e sempre será noite
árvores morrerão
toda vegetação morrerá
homens radioativos comerão a carne de homens radioativos
o mar será envenenado
os lagos e rios vão desaparecer
chuva será o novo ouro

os corpos podres de homens e animais vão feder no vento escuro

os últimos sobreviventes serão acometidos por novas e horrendas
doenças
e as plataformas espaciais serão destruídas pelo atrito
pelo esgotamento de suprimentos
pelo efeito natural da decadência geral

e haverá o mais lindo silêncio jamais ouvido

nascido disso.

o sol ainda escondido

à espera do próximo capítulo.

nirvana

sem muita chance,
completamente livre de
propósito,
ele era um jovem
cruzando de ônibus
a Carolina do Norte
a caminho de
algum lugar
e começou a nevar
e o ônibus parou
num pequeno café
nas colinas
e os passageiros
entraram.

ele sentou junto ao balcão
com os outros,
fez seu pedido e a
comida chegou.
a refeição estava
especialmente
boa
e o café
também.

a garçonete era
diferente das mulheres
que ele
conhecera.

não era afetada,
havia um humor
natural que vinha
dela.
o fritador dizia
coisas malucas.
o lavador de pratos,
nos fundos,
ria uma risada
boa,
limpa e
agradável.

o jovem observou
a neve pelas
janelas.

ele queria ficar
naquele café
para sempre.

inundou sua cabeça
um curioso sentimento
de que tudo
era
lindo
ali,
de que tudo sempre
seria lindo
ali.

então o motorista
disse aos passageiros

que era hora
de voltar ao ônibus.

o jovem pensou,
vou simplesmente ficar
aqui, vou simplesmente
permanecer.

mas então
se levantou e seguiu
os outros até o
ônibus.

achou seu assento
e olhou o café
pela janela
do ônibus.

então o ônibus
partiu, fazendo uma curva,
descendo, deixando
as colinas.

o jovem
olhava reto
em frente.
ouvia os outros
passageiros
falando
de outras coisas,
e alguns
liam
ou

tentavam
dormir.

não haviam
percebido
a
magia.

o jovem
deitou a cabeça
de lado,
fechou os
olhos,
fingiu
dormir.

não havia nada
mais a fazer –
só escutar o
som do
motor,
o som dos
pneus
na
neve.

o tordo azul

há um tordo azul no meu coração que
quer sair
mas sou muito duro com ele,
eu digo, fique aí, não vou
deixar ninguém
ver você.

há um tordo azul no meu coração que
quer sair
mas eu despejo uísque nele e inalo
fumaça de cigarro
e as putas e os bartenders
e os balconistas dos mercados
jamais percebem que
ele está
ali dentro.

há um tordo azul no meu coração que
quer sair
mas sou muito duro com ele,
eu digo,
fique quieto, você quer
me ferrar?
quer bagunçar minha
situação?
quer detonar minhas vendas de livros na
Europa?

há um tordo azul no meu coração que
quer sair
mas sou muito esperto, só deixo ele sair
certas noites
quando todo mundo está dormindo.
eu digo, sei que você está aí,
então não fique
triste.

depois o boto de volta,
mas ele canta um pouco
ali dentro, não o deixei morrer
totalmente
e dormimos juntos
assim
com nosso
pacto secreto
e é bom o bastante pra
fazer um homem
chorar, mas eu não
choro, e
você?

o segredo

não se preocupe, ninguém tem a
linda mulher, no fundo não tem, e
ninguém tem o estranho e
oculto poder, ninguém é
excepcional ou maravilhoso ou
mágico, eles só parecem ser.
é tudo truque, logro, trapaça,
não caia, não creia.
o mundo é repleto de
bilhões de pessoas cujas vidas
e mortes são inúteis e
quando uma sobressai
e a luz da história brilha
sobre ela, esqueça, não é
o que parece, é só
mais uma fraude pra enganar os tolos
outra vez.

não há homens fortes, não
há mulheres lindas.
ao menos você pode morrer sabendo
disso
e você vai ter
a única vitória
possível.

carta de fã

já faz um tempão que sou sua leitora,
acabei de botar Billy na cama,
ele tá com 7 picadas feias de carrapato,
eu tô com 2,
meu marido, Benny, tá com 3.
certas pessoas adoram insetos, outras
detestam.
Benny escreve poemas.
uma vez apareceu na mesma revista que o
senhor.
Benny é o maior escritor do mundo
mas tem um temperamento difícil.
foi fazer certa vez uma leitura e alguém
riu de um de seus poemas sérios
e Benny tirou o pinto pra fora
ali mesmo
e mijou no palco.
ele diz que o senhor escreve bem mas que o senhor
não conseguiria carregar as bolas dele num saco de
papel.
de todo modo, fiz UM MONTÃO DE MARMELADA
esta noite,
simplesmente AMAMOS marmelada aqui.
Benny perdeu seu emprego ontem, mandou o
chefe tomar no cu
mas ainda tenho meu emprego lá no
salão de beleza.
o senhor sabia que as bichas vão lá fazer as
unhas?

o senhor não é bicha, é, sr.
Chinaski?
de todo modo, me deu vontade de escrever ao senhor.
seus livros são lidos sem parar por
aqui.
Benny diz que o senhor é um chato de galocha, o senhor
escreve muito bem mas não
conseguiria carregar as bolas dele numa
sacola de papel.
gosta de insetos, sr. Chinaski?
acho que a marmelada já esfriou pra
comer agora.
então adeus.
       Dora

recostar-se

como numa cadeira da cor do sol
enquanto você ouve o preguiçoso piano
e as aeronaves no alto não são
de guerra.
onde o último copo é tão bom quanto
o primeiro
e você percebe que as promessas
que fez a si mesmo foram
mantidas.
isso é o bastante.
essa última: sobre as promessas.
o que não é tão bom é que os poucos
amigos que você tinha estão
mortos e parecem
insubstituíveis.
das mulheres, você pouco soube
no início
e demais
tarde demais.
e se a autoanálise for permitida:
legal que você tenha aperfeiçoado
tanto,
que tenha chegado tarde
e permanecido em geral
capaz.
fora isso, não muito.
exceto que você pode partir sem
arrependimento.
até lá, brincar mais um pouco,

resistir mais um pouco,
recostando-se,
igual ao cão que atravessou
a rua movimentada:
nem tudo foi boa
sorte.

você quer entrar na arena?

se não transborda de você,
não faça.
a menos que saia irrompendo de seus
ouvidos e sua cabeça e sua bunda
e seu umbigo,
não faça.
se você tiver de sentar por uma hora
encarando a tela do computador
ou curvado sobre a
máquina de escrever,
não faça.
se estiver fazendo por dinheiro ou
fama,
não faça.
se estiver fazendo porque quer
mulheres na sua cama,
não faça.
se você precisa sentar e
retrabalhar, reescrever,
não faça.
se é trabalho duro,
não faça.
se você está tentando escrever como outra
pessoa,
não faça.

se for preciso esperar que saia rugindo de
você,
então espere.

se nada jamais sai rugindo você,
faça outra coisa.

se for preciso ler para sua esposa
ou sua namorada ou seu namorado
ou seus pais ou qualquer um em absoluto,
você não está pronto.

não seja como tantos escritores,
não seja como tantos milhares de
escritores que se autodenominam escritores,
não seja tão chato e tedioso e
pretensioso, não se tranque no amor-
-próprio.
não mate as páginas de cansaço com
sua merda.
as bibliotecas do mundo já
bocejaram até
dormir.
não se some a isso,
não faça isso.
a menos que saia irrompendo de
seu crânio como um foguete,
a menos que nada fazer a respeito te
leve à loucura ou ao
suicídio ou assassinato,
não faça.

a menos que o sol em seu íntimo esteja
queimando suas tripas,
não faça.

quando se mostrar de verdade a você,
ela se fará

sozinha e seguirá se fazendo
até que você morra ou até que ela morra em você.

não há outro jeito.

nunca houve.

o livro da condição

os longos dias na pista se indentaram
em mim:
eu sou os cavalos, os jóqueis, sou seis furlongs, sete
furlongs, eu sou uma milha e um décimo sexto, eu sou um
handicap, eu sou todas as cores de todas as sedas, eu sou todas
as fotos de chegada, os acidentes, as mortes, os
últimos colocados, as fraturas, o defeito do
placar, o chicote largado e a dor entorpecida
do sonho irrealizado em milhares e milhares
e milhares de rostos, eu sou o longo retorno de carro no
escuro, na chuva, eu sou décadas e décadas e décadas
de corridas disputadas e vencidas e perdidas e disputadas outra vez e sou
eu mesmo sentado com um programa e uma *Racing Form*.
eu sou a pista de corrida, minhas costelas são as grades de
madeira, meus
olhos são os lampejos do placar, meus pés são
cascos e algo cavalga minhas costas, eu sou
a última curva, eu sou a reta final, eu sou o azarão
e o favorito, eu sou a exata, e dupla diária e
a aposta de 6.
eu sou a ruína humana, eu sou o apostador que
se tornou a
pista de corrida.

uma nova guerra

uma luta diferente agora, repelir o cansaço da
velhice,
voltar para o seu quarto, estender-se na cama,
não há muita vontade de se mexer,
é quase meia-noite agora.

nem tanto tempo atrás sua noite estaria só
começando, mas não lamente a juventude perdida:
a juventude também não foi nenhuma
maravilha.

mas agora é a espera da morte.
não é a morte o problema, é a espera.

você devia ter morrido décadas atrás.
o abuso que infligiu a si mesmo foi
imenso e sem fim.
uma luta diferente agora, sim, mas nada a
lamentar, apenas a
notar.

francamente, é até meio chato esperar a
lâmina.

e pensar que, depois do meu fim,
haverá mais para os outros, outros dias,
outras noites.
cães andando nas calçadas, árvores balançando ao
vento.

não vou deixar grande coisa.
algo pra ler, talvez.

uma cebola selvagem na estrada
eviscerada.

Paris no escuro.

o coração risonho

sua vida é sua vida.
não deixe que ela seja espancada em úmida
submissão.
fique atento.
existem saídas.
há luz em algum lugar.
pode não ser muita luz mas
ela vence a
escuridão.
fique atento.
os deuses vão te oferecer
chances.
reconheça e pegue essas chances.
você não pode vencer a morte mas
você pode vencer a morte
na vida,
às vezes.
e quanto mais você
aprender a fazê-lo,
tanto mais luz
haverá.
sua vida é sua vida.
conheça sua vida enquanto a
tem.
você é maravilhoso
os deuses esperam para se deleitar
com
você.

lance os dados

se você for tentar, vá com
tudo.
caso contrário, nem comece.

se você for tentar, vá com
tudo.
isso pode significar perder namoradas,
esposas, parentes, empregos e
talvez sua mente.

vá com tudo.
pode significar não comer por 3 ou
4 dias.
pode significar congelar num
banco de parque.
pode significar prisão, alcoolismo,
pode significar escárnio,
zombaria,
isolamento.
isolamento é a dádiva,
o resto todo é um teste da sua
fibra,
do quanto você realmente quer
fazê-lo.
e você o fará
enfrentando a total rejeição e a
pior das chances
e será melhor do que

qualquer outra coisa
que você possa imaginar.

se você for tentar,
vá com tudo.
não há sentimento
igual.
você estará sozinho com os
deuses
e as noites vão arder em
chamas.

faça, faça, faça.
faça.

com tudo
com tudo.

você vai cavalgar a morte direto até o
inferno,
sua risada perfeita,
a única boa luta
agora.

e agora?

as palavras vieram e se foram,
não me mexo.
o telefone toca, os gatos dormem.
Linda passa o aspirador.
estou esperando para viver,
esperando para morrer.

eu gostaria de poder celebrar alguma bravura.
é uma merda de situação
mas a árvore lá fora não sabe:
observo seus movimentos ao vento
no sol do entardecer.

não há nada a declarar aqui,
só uma espera.
cada um a enfrenta sozinho.

Ah, fui um dia jovem,
Ah, fui um dia inacreditavelmente
jovem!

o estouro

demais
tão pouco

tão gordo
tão magro
ou ninguém.

risos ou
lágrimas

odiosos
amantes

estranhos com faces como
cabeças de
tachinhas
exércitos correndo através
de ruas de sangue
brandindo garrafas de vinho
baionetando e fodendo
virgens.

ou um velho num quarto barato
com uma fotografia de M. Monroe.

há tamanha solidão no mundo
que você pode vê-la no movimento lento dos
braços de um relógio.

pessoas tão cansadas
mutiladas

tanto pelo amor como pelo desamor.

as pessoas simplesmente não são boas umas com as outras
cara a cara.

os ricos não são bons para os ricos
os pobres não são bons para os pobres.

estamos com medo.

nosso sistema educacional nos diz que
podemos ser todos
grandes vencedores.

eles não nos contaram
a respeito das misérias
ou dos suicídios.

ou do terror de uma pessoa
sofrendo sozinha
num lugar qualquer

intocada
incomunicável

regando uma planta.

as pessoas não são boas umas com as outras.
as pessoas não são boas umas com as outras.
as pessoas não são boas umas com as outras.

suponho que nunca serão.
não peço para que sejam.

mas às vezes eu penso sobre
isso.

as contas dos rosários balançarão
as nuvens nublarão
e o assassino degolará a criança
como se desse uma mordida numa casquinha de sorvete.

demais
tão pouco
tão gordo
tão magro
ou ninguém

mais odiosos que amantes.

as pessoas não são boas umas com as outras.
talvez se elas fossem
nossas mortes não seriam tão tristes.

enquanto isso eu olho para as jovens garotas
talos
flores do acaso.

tem que haver um caminho.

com certeza deve haver um caminho sobre o qual ainda
não pensamos.

quem colocou este cérebro dentro de mim?

ele chora
ele demanda
ele diz que há uma chance.

ele não dirá
"não".

Fontes e traduções

"friendly advice to a lot of young men, and a lot of old men, too". (c. 1954); *Existaria* 7, setembro-outubro de 1957; coletado em *The Roominghouse Madrigals*, 1988.

"as the sparrow". *Quixote* 13, primavera de 1957; coletado em *The Days Run Away Like Wild Horses Over the Hills*, 1969.

"layover". *The Naked Ear* 9, final de 1957; coletado em *The Roominghouse...*

"the life of Borodin". *Quicksilver* 11.3, outono de 1958; coletado em *Burning in Water, Drowning in Flame*, 1974. [Ed. bras.: *Queimando na água, afogando-se na chama.*]

"when Hugo Wolf went mad". *Odyssey* 5, 1959; coletado em *The Days...*

"destroying beauty". (Início de 1959); *The Roominghouse...*

"the day I kicked a bankroll out the window". *Quicksilver* 12.2, verão de 1959; coletado em *The Roominghouse...*

"the twins". *Galley Sail Review* 1.4, outono de 1959; coletado em *Burning...* [Ed. bras.: *Queimando...*]

"to the whore who took my poems". *Quagga* 1.3, setembro de 1960; coletado em *Burning...* [Ed. bras.: *Queimando...*]

"the loser". *The Sparrow* 14, novembro de 1960; coletado em *The Roominghouse...*

"the best way to get famous is to run away". (Final de 1960); *Longshot Pomes for Broken Players*, setembro de 1961; coletado em *The Roominghouse...*

"the tragedy of the leaves". *Targets* 4, dezembro de 1960; coletado em *Burning...* [Ed. bras.: *Queimando...*]

"old man, dead in a room". *The Outsider* 1, outono de 1961; coletado em *The Roominghouse...*

"the priest and the matador". *Epos* 13.2, inverno de 1961; coletado em *Burning...* [Ed. bras.: *Queimando...*]

"the state of world affairs from a 3rd floor window". *Rongwrong* 1, 1961; coletado em *Burning...* [Ed. bras.: *Queimando...*]

"the swan". (c. 1961); *Notes from Underground* 1, 1964; coletado em *The Days...*

"beans with garlic". Manuscrito de 1º de abril de 1962; coletado em *Burning...* [Ed. bras.: *Queimando...*]

"a poem is a city". *Targets* 10, junho de 1962; coletado em *The Days...*

"consummation of grief". *Sun* 8, 1962; coletado em *Mockingbird Wish Me Luck*, 1972.

"for Jane: with all the love I had, which was not enough". Manuscrito de 1962; coletado em *The Days...*

"for Jane". *The Wormwood Review* 8, dezembro de 1962; coletado em *The Days...*

"John Dillinger and *le chasseur maudit*". (c. 1963–64); *Burning...* [Ed. bras.: *Queimando...*]

"crucifix in a deathhand". Coletado em *Burning...* [Ed. bras.: *Queimando...*]

"something for the touts, the nuns, the grocery clerks and you...". *crucifix in a deathhand*, 1965; coletado em *Burning...* [Ed. bras.: *Queimando...*]

"no. 6". *crucifix in a deathhand*, 1965; coletado em *Burning...* [Ed. bras.: *Queimando...*]

"and the moon and the stars and the world:". Manuscrito de 1965; coletado em *The Days*...

"true story". Broadside *true story*, abril de 1966; coletado em *Burning*... [Ed. bras.: *Queimando*...]

"the genius of the crowd". *The Genius of the Crowd*, junho de 1966; coletado em *The Roominghouse*...

"I met a genius". *The Flower Lover—I met a genius*, outubro de 1966; coletado em *Burning*... [Ed. bras.: *Queimando*...]

"swastika star buttoned to my ass". *Iconolatre* 18/19, 1966; inédito em coletânea.

"the blackbirds are rough today". (c. 1966–67); *The Roominghouse*...

"if we take—". *if we take—*, dezembro de 1969; coletado em *Mockingbird*...

"another academy". *Wormwood Review* 38, primavera de 1970; coletado em *Mockingbird*...

"the poetry reading". *California Librarian* 31.4, outubro de 1970; coletado em *Mockingbird*...

"the last days of the suicide kid". *Invisible City* 1, fevereiro de 1971; coletado em *Mockingbird*...

"the shower". Manuscrito de março de 1971; coletado em *Mockingbird*...

"style". Manuscrito de março de 1971; coletado em *Mockingbird*...

"the mockingbird". Manuscrito de abril de 1971; coletado em *Mockingbird*...

"girl in a miniskirt reading the Bible outside my window". *Mano Mano* 2, julho de 1971; coletado em *Mockingbird*...

"the shoelace". *Vagabond* 11, 1971; coletado em *Mockingbird*...

"those sons of bitches". *Cotyledon* 2, primavera de 1972; coletado em *Mockingbird*...

"hot". *Event* 2.2, 1972; coletado em *Burning*... [Ed. bras.: *Queimando*...]

"trouble with Spain". *Stonecloud* 2, 1973; coletado em *Burning*... [Ed. bras.: *Queimando*...]

"a radio with guts". *Stonecloud* 2, 1973; coletado em *Play the Piano Drunk Like a Percussion Instrument Until the Fingers Begin to Bleed a Bit*, 1979.

"love poem to Marina". *Second Coming* 2.3, 1973; coletado em *On Love*, 2016. [Ed. bras.: *Sobre o amor.*]

"some people never go crazy". *Two Charlies* 3, 1973; coletado como "some people" em *Burning*... [Ed. bras.: *Queimando*...]

"the fisherman". *Burning*... [Ed. bras.: *Queimando*...]

"the trash men". *Burning*... [Ed. bras.: *Queimando*...]

"face of a political candidate on a street billboard". Manuscrito de 14 de maio de 1974; coletado em *Play the Piano*...

"the proud thin dying". Manuscrito de 21 de julho de 1974; coletado em *Play the Piano*...

"an almost made up poem". *Aunt Harriet's Flair for Writing Review* 1, 1974; coletado em *Love Is a Dog from Hell*, 1977. [Ed. bras.: *O amor é um cão dos diabos.*]

"a love poem for all the women I have known". Manuscrito de 15 de setembro de 1974 (segundo rascunho); coletado como "a love poem" em *War All the Time*, 1984, e em *On Love* [Ed. bras.: *Sobre ao amor*].

"art". Manuscrito de 24 de dezembro de 1974; coletado em *Play the Piano*...

"what they want". Manuscrito de 27 de fevereiro de 1975; coletado em *Love Is a Dog...* [Ed. bras.: *O amor é um cão...*]

"one for the shoeshine man". Manuscrito de 17 de maio de 1975; coletado em *Love Is a Dog...* [Ed. bras.: *O amor é um cão...*]

"the meek have inherited". Manuscrito de 4 de junho de 1975; coletado em *Love Is a Dog...* [Ed. bras.: *O amor é um cão...*]

"who in the hell is Tom Jones?". Manuscrito de 4 de junho de 1975; coletado em *Love Is a Dog...* [Ed. bras.: *O amor é um cão...*]

"and a horse with greenblue eyes walks on the sun". Manuscrito de 22 de junho de 1975; coletado em *Love Is a Dog...* [Ed. bras.: *O amor é um cão...*]

"an acceptance slip". Manuscrito de 27 de novembro de 1975; coletado em *Love Is a Dog...* como "my old man" e como "acceptance" em *The People Look Like Flowers at Last*, 2007. [Ed. bras.: *As pessoas parecem flores finalmente*]

"the end of a short affair". Manuscrito de 19 de janeiro de 1976; coletado em *Love Is a Dog...* [Ed. bras.: *O amor é um cão...*]

"I made a mistake". *Scarlet*, abril de 1976; coletado em *Love Is a Dog...* [Ed. bras.: *O amor é um cão...*]

"$$$$$$". *Love Is a Dog...* [Ed. bras.: *O amor é um cão...*]

"metamorphosis". *Play the Piano...*

"we've got to communicate". Manuscrito de 22 de julho de 1979; coletado em *Dangling in the Tournefortia*, 1981.

"the secret of my endurance". Manuscrito de 4 de outubro de 1979; coletado em *Dangling...*

"Carson McCullers". Manuscrito de 24 de outubro de 1981; coletado em *The Night Torn Mad with Footsteps*, 2001.

"sparks". Manuscrito de 9 de fevereiro de 1982; coletado em *War All the Time*.

"the history of a tough motherfucker". Manuscrito de 28 de fevereiro de 1983 (segundo rascunho); coletado em *War All the Time.*

"oh, yes". Manuscrito de 11 de abril de 1983; coletado em *War All the Time.*

"retirement". Manuscrito de novembro de 1984; coletado como "retired" in *You Get So Alone at Times That It Just Makes Sense*, 1986. [Ed. bras.: *Você fica tão sozinho às vezes que até faz sentido.*]

"luck". Manuscrito de abril de 1985; coletado em *Septuagenarian Stew*, 1990. [Ed. bras.: *Miscelânea septuagenária.*]

"if you want justice, take the knife". Manuscrito de 14 de setembro de 1985; coletado como "mind and heart" em *Come On In!*, 2006.

"cornered". Chapbook *cornered*, outubro de 1985; coletado em *You Get So Alone...* [Ed. bras.: *Você fica tão sozinho...*]

"how is your heart?". Manuscrito de 1985; coletado em *You Get So Alone...* [Ed. bras.: *Você fica tão sozinho...*]

"the burning of the dream". Manuscrito da primavera de 1986; coletado em *Septuagenarian...* [Ed. bras.: *Miscelânea...*]

"hell is a lonely place". (c. 1987); *Synaesthesia* 2, 1989; coletado em *Septuagenarian...* [Ed. bras.: *Miscelânea...*]

"the strongest of the strange". *Scream Magazine* 6, 1989; coletado em *Septuagenarian...* [Ed. bras.: *Miscelânea...*]

"8 count". Manuscrito de c. 1989; coletado em *The Last Night of the Earth Poems*, 1992.

"we ain't got no money, honey, but we got rain". New Year's Greeting *we ain't got no money, honey, but we got rain*, 1990; coletado em *The Last Night...*

"flophouse". (c. 1990); *Wormwood Review* 141, 1996; coletado em *The Last Night...*

"the soldier, his wife and the bum". (c. 1990); *Wormwood Review* 142, 1996; coletado em *The Last Night...*

"no leaders". Manuscrito de c. 1990; coletado como "no leaders, please" em *Come On In!*

"dinosauria, we". Manuscrito de 13 de fevereiro de 1991; coletado em *The Last Night...*

"nirvana". Manuscrito de 24 de fevereiro de 1991; coletado em *The Last Night...*

"the bluebird". Broadside *the bluebird,* setembro de 1991; coletado em *The Last Night...*

"the secret". *Painted Bride Quarterly* 43, 1991; coletado em *Betting on the Muse*, 1996.

"fan letter". *The Last Night...*

"to lean back into it". *Red Tree* 4, verão de 1992; coletado em *What Matters Most Is How Well You Walk Through the Fire*, 1999.

"do you want to enter the arena?". Manuscrito de 20 de outubro de 1992; coletado como "so you want to be a writer?" em *Sifting Through the Madness for the Word, the Line, the Way*, 2003.

"the condition book". Manuscrito de 10 de novembro de 1992; coletado em *The Night Torn...*

"a new war". (c. 1992); *Prairie Schooner* 67.3, Outono de 1993; coletado em *What Matters Most...*

"the laughing heart". (c. 1992); *Prairie Schooner* 67.3, outono de 1993; coletado em *Betting...*

"roll the dice". Manuscrito de c. 1993; coletado em *What Matters Most...*

"so now?". Manuscrito do início de 1994; coletado em *Betting...*

"the crunch". Manuscrito de 13 de setembro de 1976 (segundo rascunho); coletado em *Love Is a Dog...* [Ed. bras.: *O amor é um cão...*]

Poemas cujas edições brasileiras estão referenciadas acima foram retirados dos seguintes volumes:

As pessoas parecem flores finalmente. Trad. Claudio Willer. Porto Alegre: L&PM, 2015.

O amor é um cão dos diabos. Trad. Pedro Gonzaga. Porto Alegre: L&PM, 2007.

Miscelânea septuagenária. Trad. Pedro Gonzaga. Porto Alegre: L&PM, 2014.

Queimando na água, afogando-se na chama. Trad. Pedro Gonzaga. Porto Alegre: L&PM, 2015.

Sobre o amor. Trad. Rodrigo Breunig. Porto Alegre: L&PM, 2017.

Você fica tão sozinho às vezes que até faz sentido. Trad. Rodrigo Breunig. Porto Alegre: L&PM, 2018.

Textos não retirados dos livros acima foram traduzidos por Rodrigo Breunig para a presente coletânea.

Agradecimentos

Organizador e editora gostariam de agradecer aos proprietários dos poemas aqui publicados, incluindo as seguintes instituições:

University of Arizona, Acervos Especiais
The University of California, Los Angeles, Acervos Especiais
The University of California, Santa Barbara, Acervos Especiais
The Huntington Library, San Marino, California
Indiana University, Biblioteca Lilly
The University of Southern California, Acervo de Livros Raros

Agradecemos também às seguintes revistas, nas quais alguns dos poemas foram publicados pela primeira vez: *California Librarian, Cotyledon, Epos, Event, Galley Sail Review, Iconolatre, Invisible City, Mano, The Naked Ear, Notes from Underground, Odyssey, The Outsider, Painted Bride Quarterly, Prairie Schooner, Quagga, Quicksilver, Quixote, Red Tree, Rongwrong, Second Coming, Scream Magazine, The Sparrow, Stonecloud, Sun, Synaesthesia, Targets, Two Charlies, Vagabond, The Wormwood Review*.

Obrigado a Mark Gaipa pelos bons momentos e pelas sugestões

Um agradecimento especial a Linda Bukowski por acreditar neste projeto desde o primeiro dia.

lepmeditores
www.lpm.com.br
o site que conta tudo

IMPRESSÃO:

PALLOTTI
GRÁFICA

Santa Maria - RS | Fone: (55) 3220.4500
www.graficapallotti.com.br